東嘉故書譚

方韶毅 著

文匯出版社

本书为2022年度浙江省社科联社科普及课题
“民国温州人著作的收集、整理与研究”（编号22KPD25YB）成果

温州大学中文学科建设丛书

序

陈子善

答应方韶毅兄为他这本《东嘉故书谭》写序，已很长一段时间了。他虽然不催促我，我自己也觉得拖得太久，不好意思起来。今天春光明媚，正好搁下许多杂事，来完成这个光荣的任务。

“东嘉”是浙江温州的别称。宋陈叔方《颍川语小》卷上谓“温为永嘉郡，俚俗因西有嘉州，或永嘉为东嘉。”那么，韶毅这本《东嘉故书谭》无疑是漫谈与温州相关的各种“故书”。当然,韶毅说温州“故书”往事也不是“故”到漫无边际,他有十分明确的选择，那就是把范围限定在晚清民国时期。这一时期印行的书刊，只要作者是温州人氏，只要还能找到，只要韶毅对此产生兴趣，就都在搜集考订之列。日积月累，许多以前不为人注意甚至早已被遗忘的“故书”被韶毅发掘出来了，不仅发掘出来，还作了饶有意味的诠释。

韶毅的视野十分开阔，看他在《东嘉故书谭》中展示了那些与温州直接或间接相关的“故书”就可明了。其中有历史学的，有教育学的，有心理学的，有新闻学的，有商学的，有经济学的，有军事学的，有语言学的，有数学的，还有研究国际问题的，甚至连谈育儿法的，谈马术的，谈柑橘改良栽培法的都有。虽然还不能说应有尽有，但涉及面之广，着实令人惊讶，至少我是很意外的。由此足可见温州这个地方人杰地灵，人才辈出，也足可见韶毅搜集之广之勤。更难得的是，他对这些五花八门的“故书”不但作了提纲挈领的评介，还对其作者也逐一查考，对这些有名或无名的作者的经历和贡献颇多新的发现。总之，温州这一时期丰富多彩的文化风貌就通过这些“故书”和韶毅的妙笔生动而又别致地呈现出来了。

我从事中国现代文学史研究，自然对韶毅这本书中有关文学的部分特别有兴趣，全书确实也是一半以上篇幅探讨文学和文艺书籍。出生于温州的现代作家真不少，韶毅对鲁迅作序的叶永蓁著《小小十年》版本的细致梳理以及对稀见的叶永蓁《我的故乡》一书的分析，对赵瑞蕻所译中国第一部《红与黑》译本版本的考订及对赵瑞蕻老师夏翼天生平的查证，对朱维之代表作《中国文艺思想史略》的版本尤其是盗印本的爬梳和对其所著《无产者耶稣传》的评述，还有他对名不见经传的陈适及其所著《作文三步》和《人间杂记》的发掘及随之带出的林语堂集外文《〈人间杂记〉序》，等等，都要言不烦，引人入胜，也都不同程度上填补了温州地方文学史、浙江乃至中国现代文学史研究的空白。

除此之外，韶毅的《疯人》一文也深得我心。此文讨论刘廷芳译《疯人》。散文诗集《疯人》是中国最早的纪伯伦翻译单行本，《疯人》一文不仅认同刘廷芳的译文“清丽可诵”,还进一步介绍了可称“罕见书”的刘廷芳刘廷蔚兄弟的“风满楼丛书”六种。这是我见到的最早评介“风满楼丛书”的文字，虽然较为简略。韶毅为我主持的《海豚书馆·红色系列》编选了刘廷芳著《过来人言》(二〇一三年三月海豚出版社初版)，后来竟能在加拿大找到不为人知的刘廷蔚与徐志摩一九二四年在庐山的合影，撰写了论文《中国新诗史缺失的一页：从新发现的徐志摩与刘廷芳庐山合影说起》，在拙编《现代中文学刊》二〇二一年第六期发表。他也因此成了国内屈指可数的新诗人刘廷芳刘廷蔚兄弟研究专家，而这一切应该就是从本书中的《疯人》一文起步的。

近年来，“地方性知识”理论的引进，“地方路径”探索的开始兴起，“地方文学”研究的不断展开，这些都是令人可喜的学术研究的新气象。而韶毅有感于搜集晚清民国时期温州人著作之不易，有感于这些年来温州“地方的消失”，以极大的热情，以一己之微力，持续地尽可能地搜集整理温州地方文献，真是功莫大焉。他并不从理论到理论，并不空谈侈谈，而是从具体文本出发，踏踏实实地，从一本“故书”到另一本“故书”，从一个作者到另一个作者，致力于“抢救”和发掘，致力于实证的查考和研究，大有斩获，这本《东嘉故书谭》就是他的初步的研究成果。我想以他的认真和执着，这项工作一定会继续做下去，而且一定会越做越好。

我与韶毅认识不少年了，在温州、在杭州、在全国民间读书年会上，我们曾多次见面。他来上海工作的那段时间里。我们也见过不少面，还与沈迦兄一起专程去拜访钱谷融先生。有次我们谈起韶毅搜集温州地方文献，说到他的收藏时，他毫不掩饰内心的喜悦。他主编的《瓯风》我每期都收到，编得真好。他的处女作《民国文化隐者录》也很吸引人。因此，他的第二部著作，这本图文并茂、深入浅出的《东嘉故书谭》即将问世，为之写几句话是理所当然的。于是就有了这篇小文。文中不当之处，还请韶毅兄和读者批评。

壬寅二月初二于海上梅川书舍

目　录

下　辑

前言

近年来，地方史是学界的热门话题，温州得益于丰富的地方文献而受到关注。

晚清民国以来,温州作为“地方”的兴起,文献收集、整理与传播活动无疑是其中一项重要的呈现方式。孙衣言刊刻《永嘉丛书》、建玉海楼，孙诒让写定《温州经籍志》，冒广生梓行《永嘉诗人祠堂丛刻》，籀园开馆，慎社筹备《慎社丛书》，黄群请刘景晨、刘绍宽分别校编《敬乡楼丛书》，陈谧、林庆云牵头组织瓯风社，发行《瓯风杂志》，永嘉区征辑乡先贤遗著委员会开展征集工作，举办永嘉区艺术展览会并出版纪念册《瓯雅》，温州地方文献亮相浙江文献展览会，《蔘绥年刊》创刊……

一百多年来，这一波波，这一浪浪，不仅维系了传统秩序下的精神认同，而且表现出了种种转型之举。收藏载体由私家藏书楼到公共图书馆，编纂模式由一家之力到内外知识人联动和政学跨界合作，运营机制由民间众筹到公私互补，印刷方式由木刻到机印，媒介运用由书籍、杂志到展会……逐渐凸显技术变革，接轨现代机制，通过“下而往上升”的声音，凝聚成了一股地方文化新形象。

正所谓：“地方文献，全文化之所由积也。文化为物，群伦攸共。故凡尊惜文化，应自地方文献始。”

一

我并不认为，温州在现代化转型过程有多少引领风尚、敢为人先之举。地方兴起，大势所趋，并非温州独有。温州只不过在“数千年未有之变局”夹缝中求生存，顺应了时代的发展，与时代之脉同振，与时代之风同向，没有脱离时代变化曲线而已。

诚然，纵向相比，温州有进步的一面，如开埠带来的新风气、西式教育的兴办，交通工具的更新换代等，促进温州人走了出去，不限于相对闭塞的区域，开阔了视野，在教育、创业等方面获得了更大的发展空间，某种程度推动了民国温州知识人群体的形成，为构建世界温州人网络奠定了基础。

但这种“走出去”，恰恰导致了“地方的消失”。复旦大学章清教授为徐佳贵《乡国之际：晚清温州府士人与地方知识转型》一书作序时指出，晚清民初那些留洋学生以及在省城就读的学生，后来有多少回到温州，投身地方事务呢？

《瑞安近百年大事记》有一条目或可回应章教授的疑问：“在三四十年代，邑人在外地大专学校任教者：王孝通，字修庵，历任浙江法专、上海复旦、中公、法政学院、法学院等大学商法教授，与王效文齐名，有上海商法‘二王’之称；周予同教历史，与周谷城齐名，则有上海历史‘二周’之称；薛祀光毕业于日本帝大，任中山大学法学教授；曾省、曾勉兄弟留学法国，一为东南大学教授，一为柑橘专家；张更，字演村，留学美国，攻地质，任中央大学教授；孙樾，字江东，留美，任上海暨南大学商学院院长；苏叔岳、张慕骞均攻历史，陈楚淮攻英文学，均任教浙江大学；李翘，字孟楚，攻楚辞，擅骈文，任教于中山大学；林镜平、黄问羹均留学日本，任教于浙江医专、江西医专、南通医学院；缪瀓中任教于东南医学院；薛昭明留英，任教于香港大学。许璇、林损、李笠、伍叔傥、伍献文、薛济明、孙正容等均在文中述及，不赘。”许、林、李、伍等当时也任教于北京大学、中山大学等国内知名大学。

瑞安是温州的文教重镇，近百年来走出去读书的人数位居前列。此条目所提皆一时翘楚，但多数在外地学府任教，后来回乡者效力只林镜平、黄问羹等，寥寥无几。

作为地方，晚近的兴起和现代的消失其实是一对矛盾，此消彼长。地方的兴起之路，或也正是地方逐渐消失的过程。这在当下二三线城市依然是一个问题。

二

地方的兴起，某种程度带来了晚清民国文献的繁荣。这使得我们今天收集这个时期的温州人著作，同样要面对“地方的消失”。具体而言，要面对章清教授所说的“地方的消失”中精英消失的一面。

在我看来，这个问题须一分为二。一是梳理知名的精英分子。这一百年来，温州确实出现一个人才高峰，在许多领域都有一些领军式人物，比如夏鼐于考古界、夏承焘于词学界、董每戡于戏曲研究界、苏步青在数学界、周予同在史学界、伍献文在生物界等等，这些人物成名成家，他们的著作有相当的辨识度，查漏补缺，相对容易。二是寻找被淹没的精英分子或普通知识人，这些人物不仅淡出家乡人的视野，甚至连专业的研究者也未知其详。举几个书中谈到的例子：《外族音乐流传中国史》是我国第一部中外音乐交流史，数部中国音乐史研究论著对作者孔德的生平都含糊带过，只说他是平阳人，清华国学院毕业，其生平从未有人系统介绍过。我从吕思勉、王力、吴宓等人的文献里，拼凑出了他的人生剪影。高尔基《忏悔》、柴霍甫《未名剧本》两书的译者何妨，本名何止铮，并非文学家、翻译家，而是追随陈独秀的革命者，一生命运坎坷。他翻译这两本译作，是为维持生计。一九三二年，何止铮与陈独秀一道被捕。一九五二年，全国“肃托”中入狱。释放后，在小河洗澡时淹死。读着这两本书的时候，谁能想象译者拥有如此悲惨的人生。《晚宋民族诗研究》作者陈灼如，声名不彰，是一位普通的大学教师。如果不是认识他的后人，谈起这本书，怎么知道这也是一本温州人著作。

哪有这么多英雄人物，有的只是芸芸众生。大多数地方精英离开温州后，消失在了茫茫人海。即使有著作留下，也不为人知。但正是这些站在路边鼓掌的普通人的光芒，点亮了那个时代的万家灯火。小人物，大风景。多角度多层次理解精英群体，才能完整结构温州民国知识人的谱系，才能观照温州以外的世界以形成完整的温州人文地理。

同时，只有看到这些地方精英的灿烂，才能全方位认识民国的日常。大人物须有小人物映衬，主角需要配角相帮，现实才丰满。宏大的民国叙事，是无数的微小日常单元构成。

进一步而言，这些精英在一九四九年后进入了另一个轨道，或依旧光鲜或转变身份或就此失踪。消失的地方，何尝不是消失的民国。“地方”的意义，由此可见。

因此，收集晚清民国温州人著作碰到的第一个问题便是确认作者的籍贯。大量在外、未站在舞台中央的温州知识人，给确认带来的难度，可想而知。要把他们归拢在地方的角度，这与孙诒让编纂《温州经籍志》时已不可同日而语。尤其网络时代，地方文献从世界各地冒出来，闻所未闻，如果不能确定作者是温州人或与温州有关，就无从添置。

关于晚清民国温州人著作，到底有多少，目前尚无准确的说法。

中华书局一九九八年版《温州市志》是第一轮修志的成果，《著述》卷依据《温州经籍志》，剔去已佚图书，增选道光至一九九〇年间逝世者的著述，合计一千八百余种；另外编收外籍人士所撰有关温州的书册，总共近两千种；流寓海外的乡人著述未收。其中，民国著述两百三十八家七百四十四种。国家图书馆出版社二〇〇五年版《温州地方文献联合书目》，收录一九一一年至二〇〇四年温州文献三千八百九十一种，收集范围涉及市县两级图书馆及高校、单位图书馆馆藏，甚至民间收藏者藏品，但只收录反映研究温州地区人、事、物等的著作，大量的温州人著述排除在外。洪振宁《民国温州著作：量多质精》认为，《温州市志》统计的数字，“只是一个大略的说法。需要说明，其中，晚清孙诒让、黄绍箕等人的部分著作，写于清代，印行于民国，《市志》以清代计入，以‘著’的视角来划分计算，是有道理的。但严格意义上的书，有些情况还是需要考虑的，如杂志抽印本，是一篇文章；五十页以下，一般叫做小册子；稿本或抄本，是文化遗产，但并没有印刷发行，未得以传播。因此，以‘出版印行’的视角看，民国温州著作品种的实际总数要少于七百四十四种。当然，近年来又发现了相当一部分，可以补进去。我重新统计的结果，只能得出一个大致数，有两百四十多家，七百余种。”

《温州经籍志》之后，虽编有《玉海楼藏温州乡贤书目》《永嘉区征集乡哲遗书目》《温州市图书馆馆藏地方文献目录（线装古籍）》《温州地方文献联合书目》《温州人著述数据库》等，但远没有满足学术研究的需要，进一步盘点温州文献亟待提上议程。需要一本《温州经籍志》续编或《晚清民国温州书目》，来解决诸如增补《温州经籍志》，唐宋元明清温州人著作在民国时期再版、晚清民国温州人著作以及外地人写温州著作的编目、提要之类问题。

还原"消失的地方"，任重道远。

三

新的《温州经籍志》非一人之力能成。而我写这本书，主要为了给辑录晚清民国温州人著作做一点补白工作，抛砖引玉，力求版本之外的价值。

补白有两层意思，一是填补空缺，二是纠正错讹。如项骢《马术》、徐寄庼《日本语典》、黄禹石《谈心理卫生：给少年的十八封信》、陈熙止《拉丁重音研究》、夏承焘《唐宋词录最》等,《温州市志》著述卷均未录。而李超英《比较财政制度》英文版、王孝通《中国商业史》日文版、《延安一月》日文版等地方文献中的外文译本，先前鲜有人关注。叶永蓁《我的故乡》的出版时间、《晚宋民族诗研究》的作者署名等,《温州市志》则有所误。另外，像《我的故乡》,《民国时期总书目》亦失收。由刘廷芳译《疯人》谈及“风满楼丛书”的篇目，有关研究一直也含糊不清。越民族的就越世界，越地方的可能就越全国，这也是“地方”价值的应有之义吧。

如何落实版本之外的价值？小处着手，能作一注脚即可。少炒冷饭，有一点材料说一分话，有解决问题的意识。刘贞晦《中国文学变迁史》在文学史上有一定的价值，畅销不衰，梳理其版本演变，为相关研究提供参考。《日本语典》署名永嘉松台山人，后来考证出是徐寄庼，周作人曾评论《日本语典》，那么徐寄庼对周作人研究就是一个必要的注脚。有关中国电影研究的论著，经常提到《电影艺术》一书，但作者一直被忽视，从书说到殷作桢的生平，回答了中国电影史的一个小问题。

除了罗列版本信息、内容梗概等必要信息，把更多的笔墨落在考证作者的生平上。人始终是“执拗的低音”的催动者。希望通过介绍作者及其著述，使之作地方史的注脚、作中国史的注脚，解读温州与温州之外、温州人与外地，大人物与小人物、主角与配角的关系。

民国时期西北开发先行者林竞一生四次出入西北，留下了大量的调查文献；比较文学研究专家朱维之，跨越基督教文化、翻译等领域，其研究思路随时代变化而转变；马星野开创中国新闻教育，先后主持中央日报社、“中央通讯社”……打捞这些人物，梳理他们心路历程,对于注释“消失的地方”“消失的民国”,极具意义。

换而言之，不能只以温州的立场和角度，而应站在全国的视野看温州。王汎森《“儒家文化的不安定层”——对“地方的近代史”的若干思考》说:“从‘地方’出发来看历史，可以看到地方社会中非常细致的活动。当然，历史也不可能只写各个地方，最好还是要回到大的发展脉络下来看。但是经过这一层的努力后，再回来看整体，视野、境界就变得不一样了，所以我从不认为只把细胞内活动看得很清楚就足够了，因为细胞只是人体的一部分，最后还是要观照到整体。”

当然，既然是注脚，不应长篇大论，点到为止。有话则长，无话则短。人所周知之事，略陈要义；被忽略的细节与故事，尽量周详。一题一义，一文解决一个问题。如材料丰富，需要展开说的，宁另成一文。总之，追求“举重若轻”，避免“书皮子”的学问。

故书往事，从文体论，终归属于书话的范畴。那么，还要“一点掌故”“一点抒情的气息”。而这两点若无丰富的经历、一定的人格魅力和优美的文笔则难以办到。恨无唐弢、黄裳之才，心向往之。唯以乐在“探幽发微，钩沉辑佚”作为“心安故乡”的实际行动。

二〇二〇年二月

上辑

中国文学变迁史

我藏有五种不同版本的《中国文学变迁史》。

一是新文学研究会民国十年十二月初版本。封面右署刘贞晦、沈雁冰合编，中竖排书名，左下落款新文学研究会发行，均魏体，无图案装饰。版权页除署著作者刘贞晦、沈雁冰外，编辑者闻野鹤，校订者鲁承庄。新文学丛书之一。定价六角，对折三角。

二是上海新文化书社民国十二年九月四版本。封面亦无图案装饰，右印刷体署刘贞晦、沈雁冰合编，中魏体竖排书名，左下印刷体署上海新文化书社发行。版权页署初版于民国十年十二月，著作者外，编辑者闻野鹤，校订者鲁承庄、抱恨生，发行者樊春霖。实价贰角五分。

三是上海新文化书社民国廿三年二月再版本。封面暗红色，只有书名，未落作者和出版发行者款，用

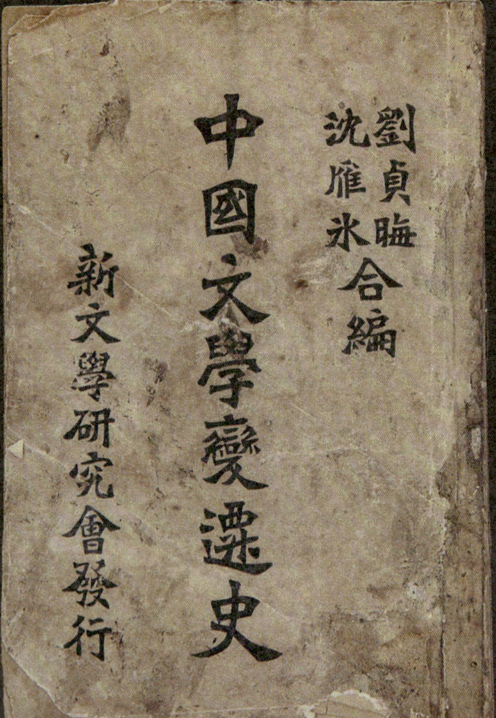

劉貞晦
沈雁冰 合編

中國文學變遷史

新文學研究會發行

◎　中国文学变迁史

刘贞晦　沈雁冰
上海新文化书社
一九二三年九月四版
1/32　12.3×17.4cm

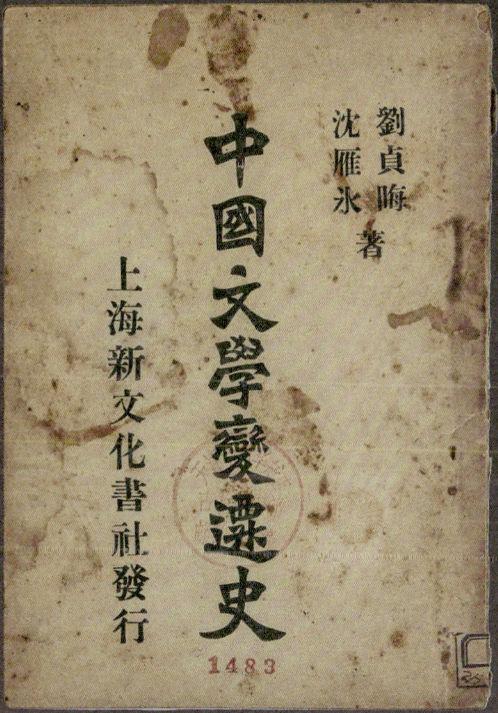

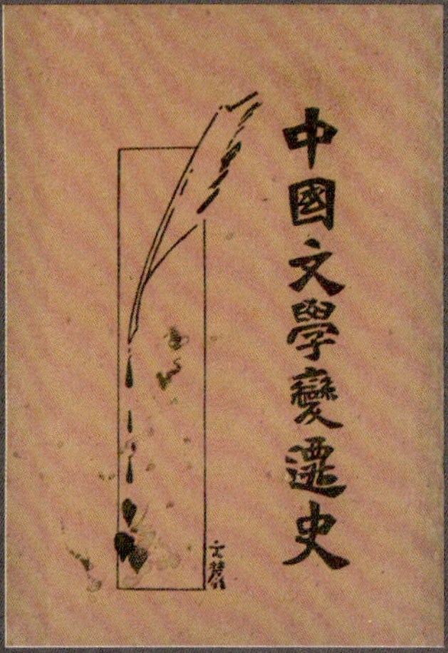

◎ 中国文学变迁史

刘贞晦　沈雁冰
上海新文化书社
一九三四年二月再版
1/32　13.1×18.6cm

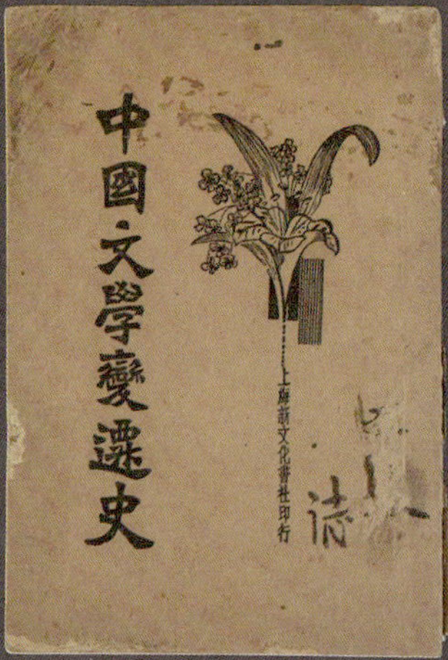

◎ 中国文学变迁史

刘贞晦
上海新文化书社
一九三四年十月再版
1/32　12.8×18.4cm

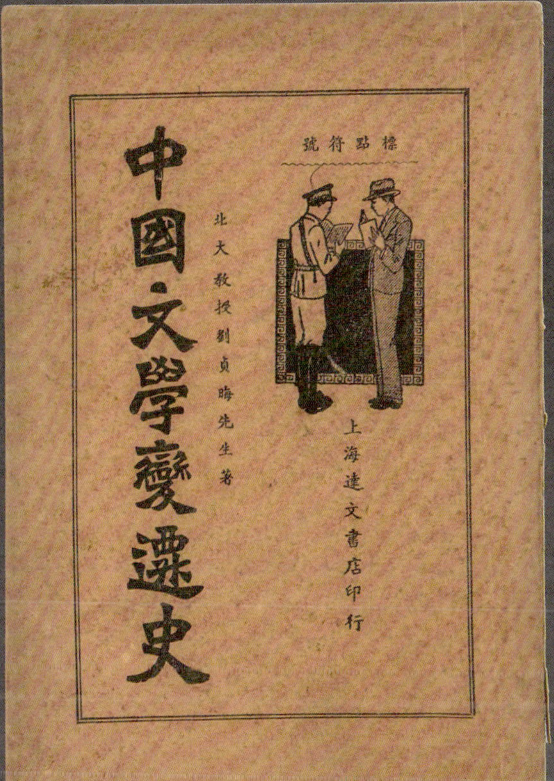

◎ 中国文学变迁史

刘贞晦
上海达文书店
一九三六年五月再版
1/32 12.9×18.5cm

一滴着墨水的羽毛笔作装饰。版权页只有再版时间，著作者外，有编辑者闻野鹤，校订者鲁承庄、抱恨生，发行者樊春霖。定价大洋三角五分。

四是上海新文化书社民国二（廿）三年十月再版本。封面纸色，左书名，未署作者名，右百合图案并注明上海新文化书社印行。版权页只有再版时间，著作者只署名刘贞晦，编辑者闻野鹤，校订者鲁承庄，发行者樊春霖。定价大洋四角。封底有新文化书社标志。

五是上海达文书店版。鄙藏版权页有损，未见出版时间。查黄文吉黄惠菁编撰《台湾出版中国文学史书目提要（一九四九——九九四）》（万卷楼图书有限公司一九九六年版）所附《中国文学史总书目（一八八〇——一九九四）》，为一九三六年五月出版。封面左魏体竖排书名，边款署北大教授刘贞晦先生著，右部上为两人捧读图案，下书上海达文书店印行。版权页撰著者亦只署刘贞晦，编辑者闻野鹤，校订者鲁承庄。

可知《中国文学变迁史》至少有新文学研究会、新文化书社、达文书店版。据上述《中国文学史总书目（一八八〇——一九九四）》，此书还有一个版本为台北昌言出版社一九七一年六月版，书名改为《中国文学递嬗史》，署名龙飞。可惜未见。

虽然《中国文学变迁史》版本杂，但内容一直未有修订，连版式也一模一样，天头有曲线，卷首和书眉标有新文学三字。即使作者只署刘贞晦一人，其实内容还都含有刘贞晦《中国文学变迁史略》和沈雁冰《近代文学体系的研究》两部分。出版者实际上也只是一家，不同时期换不同名目出版而已。《民国时期总书目》录该书有一九二九年八月九版，厦门大学谢泳先生收藏的则是一九三三年十月第十一版。据说，一九三四年六月还再版过一次，可版次却标为第七版。新文化书社是民国出版史上有名的“一折八扣”书店，粗制滥造从《中国文学变迁史》一书的混乱局面可见一斑。对此，沈雁冰先生也因为收了人家的三十元稿费，不能理直气壮提出申诉，在回复周作人的质疑函时，承认是自己的不是。这封复函透露的另外一个信息是《近代文学体系的研究》非捏名之作。而刘贞晦前缀北京大学教授却是有疑问的，卢礼阳、李康化所编《刘景晨集》认为这可能是刘在厦门大学执教时编撰的讲义。此书在当时一版再版，刘景晨不可能一无所知，不知道为什么不对北大教授这一身份提出更正意见。难道也像沈雁冰一样，莫名其妙收了稿酬而任由书商摆布吗?

二〇一二年九月五日改定

补记：笔者于二〇一九年七月又得一种《中国文学变迁史》，封面只印书名，未印作者与出版机构，也没有版权页。封底印有中华书局标志，疑非原书封底。此书收录刘贞晦、沈雁冰文，内页亦无署名。是书究竟出版于何时，比新文学研究会版早还是迟，令人疑惑。另，孔夫子旧书网二〇二〇年二月二十六日还上拍过一种《中国文学变迁史略》线装油印本，可惜错过。该书未收沈雁冰文，故只署名北京大学教授刘贞晦。乃河南巩县遗爱中学讲义，版心处有“豫洛代印”字样，不知刊于何时。从该校校史看，应是一九三九年之后的事。此油印本可作为《中国文学变迁史》影响力的一则例证。

二〇二二年一月三十日

和影子赛跑

此书“觊觎”已久。好几年前出差上海，与沈迦兄同往福州路古籍书店淘书，在阿辛店里看到过一本。封面用黑色做底，镶以红色边框，当中又挖出一块填以红色，书名置于顶部，很显眼，过目不忘。店主不在，未能上手，只能隔着橱窗相望。心里惦记着，过了几日，央沈迦兄再跑一趟，店主开价三千元，吐吐舌头，暂且作罢。等我狠狠心打算将它拿下时，阿辛说这书已经卖给一位朋友了。孔夫子旧书网上也不多见，十年前拍过一次，六百四十元落拍，阿辛店里的似乎就是这本。后来再出现过一本，两年间被拍了两次，第一次落拍六百八十元，第二次涨到了一千五百一十元。这几次拍卖我都错过，此后多年未见此书上拍。再遇时已是二〇一五年十月，江西一位书友七百元起价上拍此书，费八百二十元而得。网上还有本标价四千元，

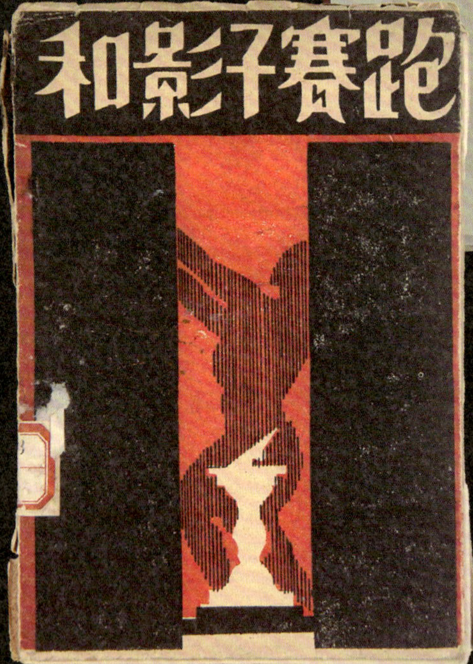
和影子赛跑

◎ 和影子赛跑（毛边本）

潘怀素 译

上海創造社出版部

一九二八年十月初版

1/32 13.5×19cm

創造社世界名著選
第十四種
德國蘇爾池原著
和影子賽跑
潘懷素譯
上海
創造社出版部
1928
出起見，我準備先決定，我能否聽得到你的生活中一些東西，如果聽得到，那末我將要以正當或方便的辦法處置．他至於要預先的定如何改變，這都是不能奉命的．
異鄉人
我的願望不出於好奇心，我有很迫切的關係，至少也要知道，許凡藻博士的運命在小說中是如何繼續下去的．
馬丁博士
我們要慢慢地進行．你新近沒有什麼可慮的．這小說還是一個未完成的作品．如果已經是一個完成的作品，那末我現在就可以感覺得，我所想像的模樣和一個實在的模樣是異常之像，容易使人錯認了的相像——這種相像恐怕要不忘地妨礙我罷．
異鄉人
我要快一些，因爲我想馬上到一個地方，使我的體形得離開影子，另找一個方向．
馬丁博士
〔23〕

两年了一直没有售出，这样一比，算是捡漏了。

所得《和影子赛跑》乃毛边本，装订的铁针已生锈烂掉，书散了架，我只好用夹子夹住。是书德国苏尔池原著，潘怀素翻译，上海创造社出版部一九二八年十月初版，定价大洋四角半。虽列为创造社世界名著选第十四种，但今日似乎并不出名。尤其译者潘怀素后来以研究乐律出名，翻译文学作品是他早年在北京当记者，作为创造社成员时的余事，所以很少有人提及此书。潘怀素先后留学日本、德国，在柏林大学取得过经济学博士学位，还翻译过一本《转形期的经济学》,提及更少。在音乐方面,则翻译过日本人写的《乐家录》《敦煌琵琶谱》等书，关注的人就多点了。

从文学、经济到音乐，用今天的话来说，潘怀素真跨界奇人也。但他在音乐方面研究的是一般人不懂的乐律，曲高和寡，识者寥寥。据我所见，回忆文章也仅有缪天瑞、杨苏流、周素子等几篇。因此，当我知道张思聪先生是潘怀素外孙后，就向他约稿，后来刊于《瓯风》第五集。张思聪先生一文回忆了晚年潘怀素的生活，给研究潘怀素生平添了一份宝贵的材料。

我还请张思聪先生在《和影子赛跑》一书上写段文字留念，他欣然同意，使这本藏书又珍贵了许多——“外公潘怀素先生一生浪迹天涯，追寻学问与真理，是创作、翻译、研究的多面高手。但因众所周知的原因，留下著述甚少，因此本书显得尤为珍贵。过去我只在网络上看到过书的封面照片，感谢韶毅先生，让我有幸一睹真容。见书如见人，外公当年音容笑貌，顿时宛然在目，令人感慨万千。如今不少学人开始重新整理、研究其生平、著述特别是其律学理论，肯定其在学界的地位与作用。老人家在天之灵有知，定也会十分欣慰吧！张思聪谨识 2015.12.11”

二〇一七年 月三日

小小十年

叶永蓁毕生从军，在文坛只是昙花一现，而且很大程度是沾了鲁迅的光。如果没有鲁迅的点拨和推荐，他写的小说《小小十年》可能就不会如此顺利出版。如果不是鲁迅为《小小十年》作了《小引》，可能这部小说早被读者遗忘。

《小小十年》由上海春潮书局初版于一九二九年八月，分上下两卷。鲁迅《小引》云："这是一个青年的作者，以一个现代的活的青年为主角，描写他十年中的行动和思想的书。""他描出了背着传统，又为世界思潮所激荡的一部分的青年的心，逐渐写来，并无遮瞒，也不装点，虽然间或有若干辩解，而这些辩解，却又正是脱去了自己的衣裳。至少，将为现在作一面明镜，为将来留一种记录，是无疑的罢。""我极欣幸能绍介这真实的作品于中国，还渴望看见'重上征途'以后之作的新吐的光芒。”

可能也因为鲁迅的介绍，这部小说出版后引起一些人的注意，《申报》《新月》《大公报》等报刊均刊登了相关书评，其中以沈端先（夏衍）发表在一九三〇年一月《拓荒者》上的批评文章尤为激烈。夏衍认为“这是一部以革命为穿插的言情小说。滤去了游离性的革命的 Impurity（渣滓），在滤纸上剩下来的只是些‘情书一束’的 Amorphism（虚幻体）”。这让叶永蓁印象深刻，不忘在《小小十年》再版时对此进行反驳：“我自己当写这部书的时候，并没有说自己是一个十足的无产阶级，也没有告诉人说这乃是一部无产阶级文学的书，而鲁迅先生在这书的《小引》也曾说过，‘这是一部个人的书，感伤的书’。”

《小小十年》再版于一九三三年八月，由邹韬奋和艾寒松推介在生活书店印行。据叶永蓁说，这个版本不仅修订了春潮书局版的一些错字，而且更换了原来的十二幅插图。“在这几年来，我对于画是可谓没有学，可是因为第一版的插图太难看了，这回临时由几个朋友那边借得一本《蕗谷虹儿画选》和一本《A.Beardsloy

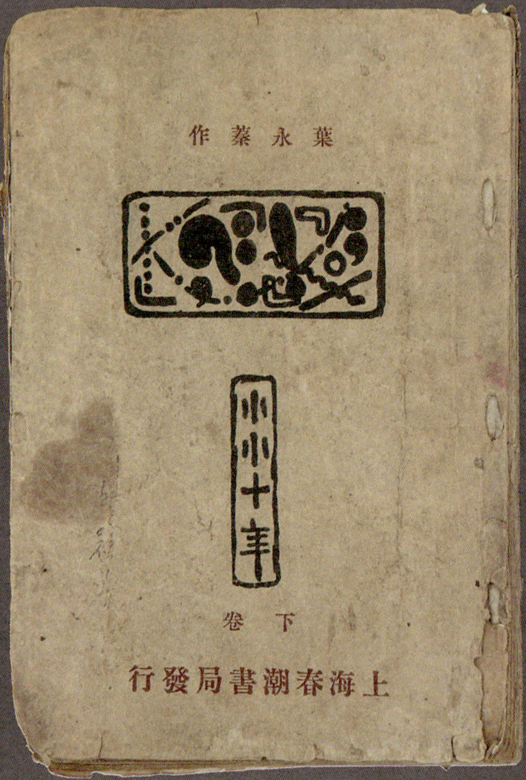

◎ 小小十年（下册，毛边本）

叶永蓁
上海春潮书局
一九二九年八月初版
1/32 13.8×19.8cm

◎　小小十年

叶永蓁
生活书店
一九三三年八月初版
1/32　13.5×19cm

◎　小小十年

叶永蓁
作家出版社
一九五五年六月第一版
1/32　14×20.3cm

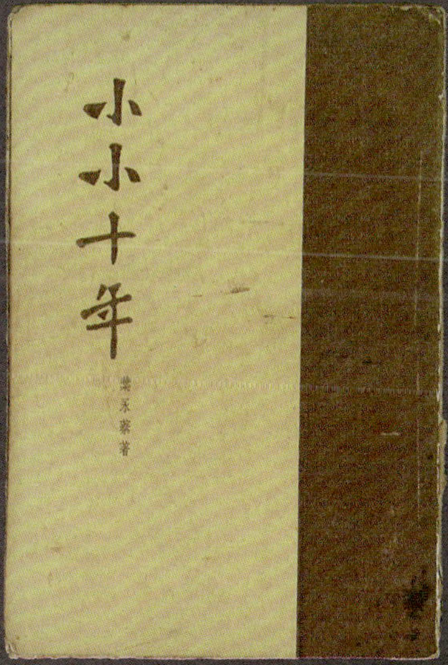

画集》看了一番，陆续画了十七张，虽然仍是不大高明，不过比第一版总算好了一点。”这十七张插图中有一张春潮书局版《小小十年》的封面，这说明当初那个封面为叶永蓁设计。另外生活书店版《小小十年》的《后记之后》还附录有一张叶永蓁送给小说女主人公茵茵作结婚礼物的画，这样书上总共有十八幅插图。一九三四年二月，生活书店版《小小十年》再版。

生活书店版《小小十年》的初版和再版均是单卷本，封面比春潮书局版有设计感。但我还见过生活书店另一个版本，封面设计不同于初版和再版，疑是第三版。人民文学出版社一九九八年五月将《小小十年》列为“新文学碑林”重版时，以此封面作为彩插，但未标明版本信息。

这里顺便说说一九四九年后《小小十年》再版的情况。先是一九五五年六月，作家出版社以生活书店一九三四年版为底本重排出版《小小十年》。这个版本不仅删去了插图，而且连鲁迅的《小引》和作者的《后记》《后记之后》也没有收入。当时形势下，《小小十年》怎么会出版，令人费解。后来责编此书的王笠耘回忆说这是工作失误：“到一九五四年，一直未查清作者的下落，我却强调鲁迅为它写过序，就发了稿。出书后得知作者已堕落为国民党军官，逃亡台湾。书中还有一些黄色描写，也以同样的原因未删。此书虽经终审，却仍然是我难忘的教训，当时曾主动写了检查。”再是一九八五年十一月，上海鲁迅纪念馆和上海书店为纪念鲁迅逝世五十周年，编印《鲁迅作序跋的著作选辑》时，收录了《小小十年》，以春潮书局初版本为底本影印出版，原汁原味，只不过将上下卷合为一册。最后就是上面提到的人民文学出版社一九九八年五月版，但这个版本既没有出版说明解释依据哪个版本排印，同样也没有将鲁迅的《小引》和作者的《后记》《后记之后》收录，很有些美中不足。

二〇一七年十月十二日

小学新歌

《小学新歌》为缪天瑞所作，上海三民公司一九二九年十月初版，收录《声音》《小星》《麻雀嫂嫂》《牧童》《少吃》《天然音乐》《爱干净》《新年》《童子军》《放假了》《小兵队》《萤火虫》《四季》《小明星》《金毛鸡》《三姊妹》《寒假》《蝶之舞》《秋晚》《纸鸢》等二十首歌曲。短则只一段五六句，长则不过两段十多句，适合小学生学唱。内容当然也都是小孩子所喜闻乐见的，比如《少吃》："小亲亲，小宝宝，不要闹，不要吵，糖果糕饼莫乱咬，多吃滋味少，少吃滋味好。"《放假了》："放假了，放假了，自从开学到今朝，一学期，又完了，平时在学校，知识技能可好，早上可曾迟到。放假了，放假了，自从开学到今朝，一学期，又完了，假期在家里,莫把功课玩掉,定个温课时间表。"《秋晚》:"晚来吹风动，西山云里夕阳浓。一林枫叶相映红，半塘微波生娇容。更来群群众，点缀秋光贯长空。"字句朴实无华，朗朗上口，又能寓教于乐。看到这些歌曲，总能想起那个时代的一些情调。

一九二九年前后，缪天瑞在音乐之路上迈了一大步。创作的《小学新歌》《中学新歌》《小学校唱歌教授法》，翻译的《钢琴基本弹奏法》《作曲入门》等书，那两三年先后由三民公司出版。对于他来说，这些都是开拓性的工作。缪天瑞少年立志学音乐，高中毕业后如愿考上上海艺术师范大学。而且学习非常勤奋，一有空就趴在桌子上写呀写呀，以致于弟弟缪天华说，"我的哥哥有写作狂"。

缪天瑞的成功，离不开他的天赋与执着，但逆境也促使他发愤图强。大学毕业后，缪天瑞回到家乡与同学创办了温州艺术学院。本想大干一番，但只一年，就因债务问题停办了。他重返上海找工作，从头开始。这里不能不提傅彦长，缪天瑞的大学老师。缪天瑞写信给傅彦长求助，即得回复。傅彦长介绍缪天瑞给出

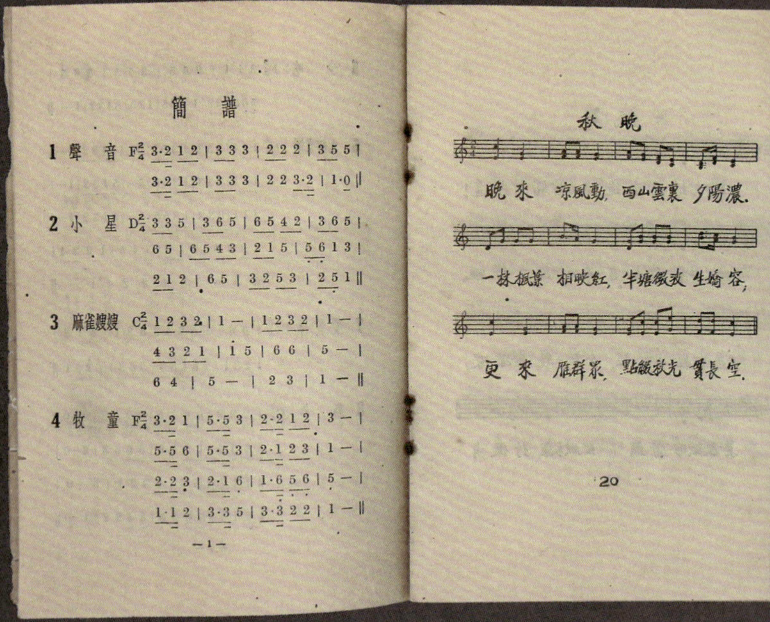

◎ 小学新歌

缪天瑞
上海三民公司
一九二九年十月初版
1/32 12.2×18.8cm

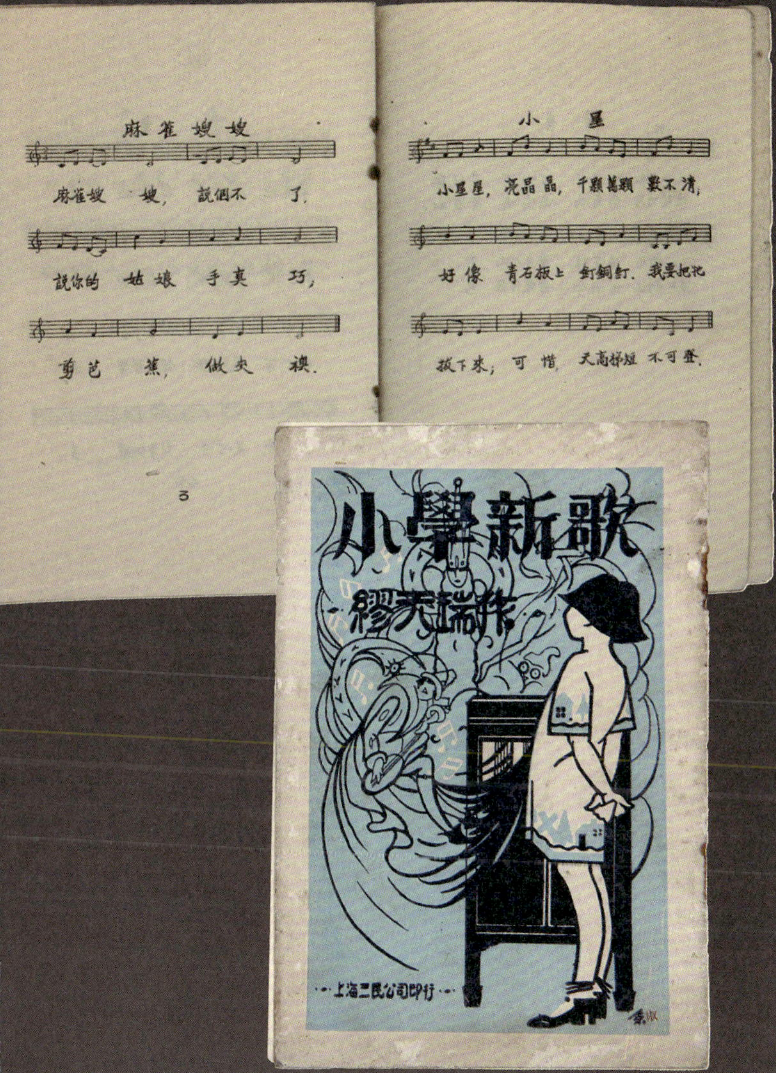
麻雀嫂嫂
麻雀嫂 嫂，說個不 了，
說你的 姑 娘 手真 巧，
剪芭 蕉，做夾 襖.
3
小星
小星星，亮晶晶，千顆萬顆 數不清；
好像 青石板上 釘銅釘，我要把祂
拔下來；可惜 天高梯短 不可登.
小學新歌
繆天瑞作
上海三民公司印行

版社谱写歌曲、到同济大学等校任教，使得缪天瑞渡过难关，并崭露头角。

傅彦长今天虽不为人所熟悉，但在上世纪二三十年代，可是一位活跃的作家，对西方艺术颇有研究，在现代音乐史上有一定的影响。上海图书馆研究馆员张伟近年挖掘了这位“陌生人”的日记，查刊发在《现代中文学刊》上的《傅彦长日记》，有四十来条涉及缪天瑞，可见他们那几年来往的程度。

一九二九年五月二十八日，“缪天瑞到卿云来”；五月三十一日，“黄震遐、郭文骥、缪天瑞、程碧冰来”；六月二日，“晚餐到青年会吃，同往者缪天瑞”；六月六日，“五时半到卿云，遇缪天瑞”；六月九日，“午后两时至五时一刻在卿云，遇缪天瑞、黄震遐等”；六月二十三日，“缪天瑞来，同至新雅”；六月二十六日，“缪天瑞来信，覆”；六月二十九日，“谭抒真、缪天瑞来。访朱希圣。到吴振寰处。去ABC心ベカリ茶室吃奥兰巨斯瓜等，海军青年会晚餐，虹口日本人冰点内吃サイダ。以上各处缪同往”；七月四日，“缪天瑞来信”。七月十一日，“缪天瑞来信”；七月十四日，“寄信与宋居田、缪天瑞”；七月二十三日，“缪天瑞来”；七月二十五日，“缪天瑞来信”；八月四日，“缪天瑞来，不遇”；八月九日，“寄信与缪天瑞”；八月十日，“晨，缪天瑞来，同往新雅，俄，周大融加入，周呼汽车，过良友公司时，叶秋原加入。走罗别根路等处，同访沈松柏。叶、缪先后退出”；八月十九日，“晨，缪天瑞来，同往新雅午餐，途遇许尚文；访徐蔚南，又遇谢六逸”；八月二十一日，“寄信与缪天瑞”；八月二十三日，“到新雅，追踪而来者缪天瑞、李青崖、冼星海、周大融”；八月二十四日，“缪天瑞、李俊昌、叶秋原来”；九月三日，“到卿云，同往者缪天瑞”；九月九日，“缪天瑞来信”；十月二日，“候火车时，遇缪天瑞，还洋五元”；十月十八日，“晨餐在校门口小店内吃，同往者缪天瑞。午后七时，到海滨散步，同往者缪、周伯涵、曹礼吾、章诚忘，在淞兴路三兴园对面各吃文登一碗，又买瓜子，凡铜元二十枚”。

一九三〇年二月五日，“缪天瑞来信”；二月七日，“寄信与缪天瑞、周伯涵”；七月十四日，“王夫凡、缪天瑞来信”；七月十八日，“寄信与曾立群、陈啸空、秦之君、缪天瑞、王夫凡”；七月二十六日，“傅积义、缪天瑞、程碧冰来信”；九月十一日，“张亮丞、缪天瑞来信”；十月二日，“代缪天瑞缴物件款与其弟”；十月十七日，“俞寄凡、汪亚尘、缪天瑞、金宽生来信”；十月十八日，“寄信与金宽生、缪天瑞”；十一月十二日，“缪天瑞来信”；十二月二十五日，“缪天瑞来信”；十二月二十六日，“到世界酒家午餐，缪天瑞同往”。

一九三二年一月五日，“缪天瑞来信”；一月二十日，“缪天瑞来信”；五月十三日，“缪天瑞、汪亚尘来信”；六月二十日，“寄信与缪天瑞”；七月八日，“缪天瑞来信”；八月八日，“缪天瑞来信”；九月九月，“缪天瑞、李华卿来信”；十月二十六日，“缪天瑞来信”；十月二十七日，“寄信与缪天瑞”；十二月二十五日，“缪天瑞、吕震坤来”。

一九三三年一月二十八日，“缪天华让予看《阿思里游记》”；一月三十日，“缪天瑞来信”；二月二日，“到新雅，遇缪天瑞”；月十二日，“缪天瑞来，同到新雅午餐”；九月十六日，“寄信与缪天瑞”。

傅彦长还是缪天瑞《小学新歌》《简易看谱法》《作

曲入门》等多部作品的校阅者，《钢琴基本弹奏法》初版时，作序称赞缪天瑞“在作曲以及钢琴演奏两方面都有相当的地位”。但此书后来数次修订再版都没有收录这篇序言，不免令人有几分遗憾。

二〇二〇年二月十五日

疯人

“风满楼丛书”目前所知有六种，依次为《疯人》《山花》《山雨》《木匠家》《我的杯》《前驱者》。其中《疯人》《木匠家》《前驱者》三种乃译著，都是刘廷芳翻译的，《木匠家》底本是侯斯门的独幕剧，《疯人》《前驱者》为纪伯伦作品。《山雨》则是刘廷芳的诗集，《山花》《我的杯》是刘廷蔚的诗集。

这几本书甚为稀见，估计少有人见过整套。唐弢在《晦庵书话》所载《纪伯伦散文诗》提到《疯人》《前驱者》两种。《前驱者》“开本阔大”，“由译者自印，不发售，版权页上印明共一百本，非卖品，我购得第四十四号，但印刷装帧并不甚佳”，“印出既少，颇为难得”。查《唐弢藏书图书总目》，却录有两本《前驱者》，注明初版本有“元黎赠孟非”题字、二印本钤有韩玉西章，不知是唐弢记错，还是录入者误标。如依《总目》，

◎　疯人（毛边本）

刘廷芳 译

北新书局

一九三〇年一月再版

1/32　13.8×20cm

说明此书不只印了百本。《唐弢藏书图书总目》还录有《山花》《山雨》,《山花》是刘廷蔚送给吴文藻冰心夫妇的签名本。不愧是藏书大家。

我有幸经眼“风满楼丛书”中的《疯人》《山花》《山雨》《我的杯》四种,并藏有《疯人》《山雨》两种。《疯人》为一九三〇年一月北新书局再版本，毛边，系山东大学图书馆旧藏，得于孔夫子旧书网，所费不菲。

据甘丽娟文章介绍，茅盾最早把纪伯伦作品译介给中国读者。一九二三年九月,《文学周刊》发表了茅盾翻译的《批评家》《一张雪白的纸说……》等五篇纪伯伦散文诗。此外，一九二七年八月《文学周报》发表了赵景深所译纪伯伦作品。茅盾、赵景深翻译的都是纪伯伦作品散篇，而第一位将纪伯伦著作单行本完整翻译出来的却是刘廷芳，中国出版的第一本纪伯伦作品就是这本《疯人》。《疯人》是纪伯伦尝试英语写作的第一部作品，刘廷芳翻译此书，应有深意。就如瞿光辉《纪伯伦作品在中国》一文所说的:“刘廷芳是基督徒，他喜欢纪伯伦作品显然是纪伯伦创作的有关耶稣的题材以及作品中浓厚的宗教气息对他有很大的

◎ 山雨 （毛边本）

刘廷芳
北新书局
一九三〇年十一月初版
1/32　14×20cm

吸引力；此外，纪伯伦崇尚的‘爱’与‘美’也引起他的共鸣。”

《疯人》收文三十五篇，其中《在殿阶前》最短小，只两行，不妨抄录如下：“昨天傍晚，在大理石的殿阶前，我看见一个妇人坐在两个男子中间，这妇人的右颊发青，左颊羞得晕红。”我特地找了绿原的译本对比：“昨天晚上，在圣殿的大理石台阶前，我看见一个女人坐在两个男人中间。她的一侧脸苍白，另一侧脸通红。”“左颊羞得晕红”比“另一侧脸通红”似乎更生动，可见刘廷芳的翻译有可取之处。朱维之在《基督教与文学》一书中就相当称许刘廷芳的译笔“清丽可诵”。

二〇一七年三月二十四日

补记：现已查明，《前驱者》有两个版本，第一版只印一百本，乃非卖品，为吴鼎昌五十寿礼。该书《卷头言》有记此掌故。第二版也只印一百本，北平立达书局代售。唐弢应藏有两个版本，元黎乃吴鼎昌子。

二〇二二年一月三十日

中国文学概论

《中国文学概论》，陈怀著，版权页署上海中华书局一九三一年二月印行，而扉页标一九三〇年。目录前还有一张我们常见的陈怀照片。正文分九节，依次为《叙论》《文性》《文情》《文才》《文学》《文识》《文德》《文时》《总论》，末有陈怀之子陈谧所撰《后序》，说明此乃陈怀遗著。

陈怀，陈黻宸之侄，曾任北京大学教授，著有《清史要略》《中国近百年史要》等。此两种著述作为讲义，先由北大出版，后由中华书局出版。《中国文学概论》的出版情况也差不多。曾作为独见晓斋丛书之一，一九二五年由瑞安颖川书舍刊行，陈谧《后序》即作于当年。只不过，此刻本题为《辛白论文》。中华书局排印时，改书名为《中国文学概论》，让人误认为两种不同的著作。前不久，我曾将温州市图书馆所藏《辛

◎　中国文学概论

陈怀

上海中华书局

一九三一年二月初版

1/32　13×18.8cm

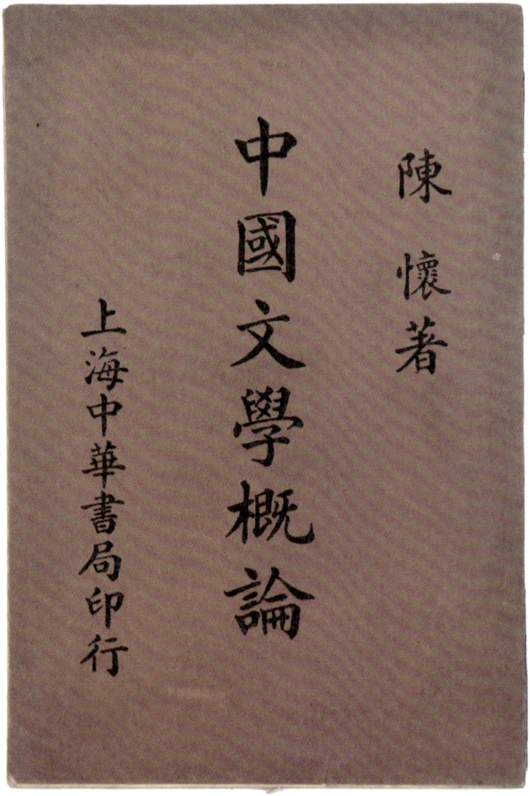

白论文》与《中国文学概论》比对，内容一样。《中国文学概论》曾于一九三四年五月再版，封面改用蔡元培题写的书名。此可为陈怀与蔡元培的关系作一注脚。

一般认为,陈怀是我国清史学科的创始人之一。《清史要略》《中国近百年史要》在当时的相关研究领域都属于前沿之作，影响较大，中华书局本后均曾再版。二〇一二年十二月知识产权出版社出版的“民国文存”丛书又将《清史要略》列入，可见其学术地位。但陈怀在中国文艺概论研究方面的贡献亦值得记一笔，有学者认为这本《中国文学概论》是我国近现代文学理论研究中较早借鉴西方文论框架写成的一本著作，“筚路蓝缕之功不可没”。

二〇一三年三月十五日，二〇二二年一月三十日改定

应用图案

《应用图案》，马公愚、李善静合编，中华学艺社丛书之一，上海中华书局民国二十二年九月发行，我所得为民国二十五年四月再版本。是书大十六开，彩印，用纸甚佳，定价银一元二角，在当时应属高档了。封面采用美术字设计书名，扉页则是马公愚隶书题写，除此只有图案，无相关介绍文字，亦未标页码，让外行人摸不着头脑。幸好找到刊登在一九三四年《大夏》第一卷第九号上的一则书讯，可大致了解此书："本书内容丰富，凡装饰、广告、风景、人体、文字等，以及一切应用图案，无所不备。选材新颖，意匠独运，与普通失去时代性之图案画集，不可相提并论。本书可作中学及师范或专科以上学校艺术科教本或参考书之用；即一般有志研究艺术者，得此一书，则不啻启图案之宝藏，取用无尽矣。"

◎ 应用图案

马公愚 李善静合编
上海中华书局
一九三六年四月再版
1/16 23×31cm

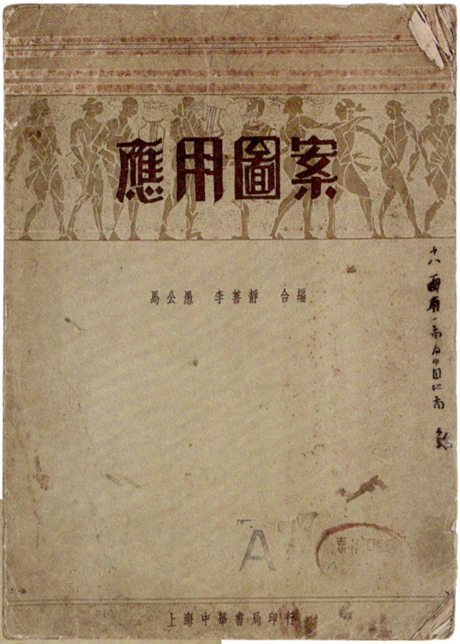

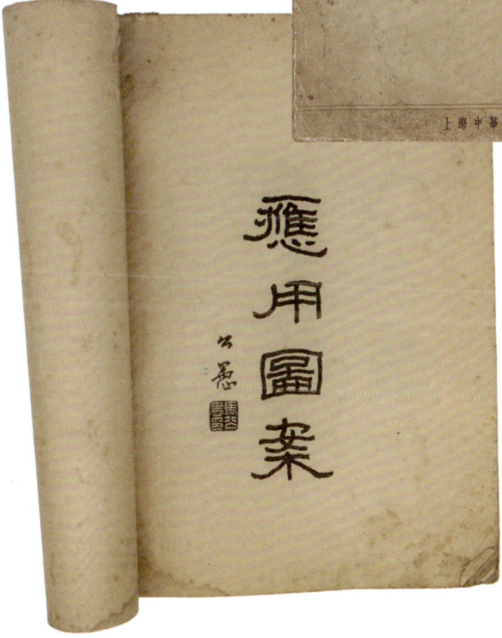

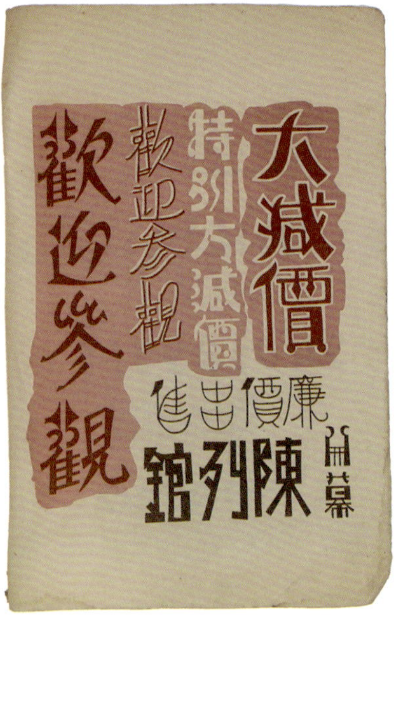
大減價
特別大減價
歡迎參觀
歡迎參觀
廉價出售
陳列館
開幕

謹賀勝利
恭賀新年
美麗燦爛
冰冷汽水
真國貨

今年是中华书局成立百年，他们从保存下来的档案中，检选出一九四九年前的来信两百余通，出版了《中华书局收藏现代名人书信手迹》。其中有一通是马公愚的，所谈竟是有关《应用图案》一书的出版，凑巧之极。

敬启者：

接诵贵所书字第一七一六号大函，以拙编《应用图案》一书付印事，近因赶印教科书关系，又告停顿。惟此书性质与教科书无异，倘不能于九月初以前出版，八月底以前先登广告，则秋季销路必大受影响。尚希赶印，勿再拖延为祈。

此致

中华书局编辑所总编辑部

马公愚

八月十五日

此信写在马公愚设计的大夏大学信笺上。中华书局收信登记日为中华民国廿二年八月十八日，又有铅笔所书“周先生代述，不复”等字样。《应用图案》虽如马公愚所愿出版于当年九月，但按信中所透露，并不顺利。或许还有种可能，版权页署九月发行，但事实上是延期了。

合编者李善静，一九〇七年生于江苏泰兴，一九二三年入上海美术专科学校学习，乃马公愚的学生。后又入上海新华艺术学院学习。曾在大夏大学女幼师、新华艺专、上海务本女中、上海清华中学等校任教。一九八〇年被聘为上海文史馆馆员。一九九九年去世。上海文史馆网站有篇《李善静自传》，提到一九六一年，他在路上行走时，偶遇失去联系多年的马公愚。马对他说：“哎呀！刘海粟、童雪鸿先生在打听你的下落。”李善静这才与刘、童等师友重逢。

二〇一二年十一月六日

我的故乡

此书中华书局一九九八年版《温州市志》卷九十《著述》部分有录，并注明上海图书馆藏，但登录上图网站检索不到此书，国图、浙图等也查不到，《民国时期总书目》《中国现代文学总书目》亦未收录，以致我怀疑过叶永蓁没有写过这本书。想不到最近出现在旧书网，并轻松而得，真是天下掉下来的馅饼。不仅解决了我的疑惑，而且为我正在编的《叶永蓁集》增添了内容。如此得书之乐，这些年来难得一遇。

《我的故乡》，叶永蓁著，广益书局民国二十二年十月版，定价银二角。《温州市志》记为叶永蓁编，民国二十三年版，应该是疏忽了。此书乃新时代小学生丛书的一种，丛书主编为周乐山，江西人，著有《飘荡的衣裙》《定慧方丈》《给青年的信》《作文法精义》《抗日战争逸话》等，是上世纪二三十年代上海文坛小有名气的一位作家，后落水，与金雄白等来往颇密，曾追随傅式说，但不得志，一九四五年一月夫妻双双服毒自尽，存年四十二。叶永蓁在书中提到和周乐山原是不认识的，在一个朋友家里碰到，周便向他约稿，为这套丛书写本《我的故乡》，叶永蓁怕写不好，要换个题目，但周说这本书是写给小学生读的，题目已定，无法变更，叶永蓁只好“勉为其难”。从研究角度而言，我们倒是要感谢周乐山“逼”叶永蓁写了这本书，为温州多了一部地方文献，为叶永蓁生平留下些一手材料。

说是一本书，也就九十来页，薄薄的小册子，其实就是一篇文章，叶永蓁写于当年六月二十日。分了十三个章节，分别是《我是没有故乡的》《但也有一个地方——算是我的故乡》《这地方的风景》《这地方的习俗》《这地方的男人们》《这地方的女人们》《这地方的人与人》《我曾回去过一次》《有一层贫穷的浓雾罩住了这地方》《差不多给我淡漠得忘记了它》《可以说是旧事重提》《现在已经是地狱般的了》《你们想那就是我的故乡啊》。

◎　我的故乡

叶永蓁

广益书局

一九三三年十月版

1/32　13×18.5cm

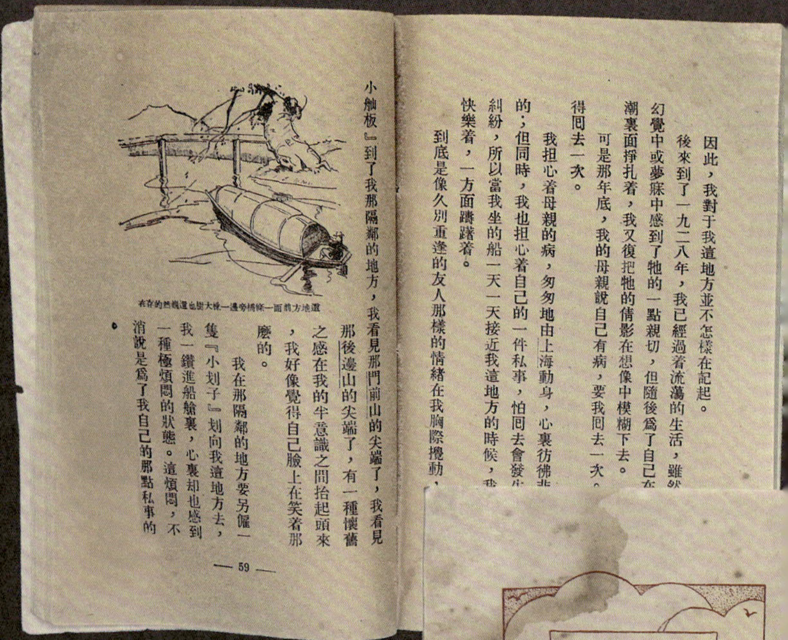

因此，我對于我這地方並不怎樣在記起。

後來到了一九二八年，我已經過着流蕩的生活，雖然

幻覺中或夢寐中感到了牠的一點親切，但隨後爲了自己在

潮裏面掙扎着，我又復把牠的倩影在想像中模糊下去。

可是那年底，我的母親說自己有病，要我回去一次。

得回去一次。

我担心着母親的病，匆匆地由上海動身，心裏彷彿悲

的；但同時，我也担心着自己的一件私事，怕回去會發生

糾紛，所以當我坐的船一天一天接近我這地方的時候，我

快樂着，一方面躊躇着。

到底是像久別重逢的友人那樣的情緒在我胸際攪動，

小舢板』到了我那隔鄰的地方，我看見那門前山的尖端了，我看見那後邊山的尖端了，有一種懷舊之感在我的半意識之間抬起頭來，我好像覺得自己臉上在笑着那麽的。

這地方前面一條橋旁邊一棵大樹也還依然的存在

我在那隔鄰的地方要另僱一隻『小划子』划向我這地方去，我一鑽進船艙裏，心裏却也感到一種極煩悶的狀態。這煩悶，不消說是爲了我自己的那點私事的

— 59 —

可是雖然事已如此，我却不甘心屈服。因此，我的母親非常的生氣，那女子非常的生氣，而我也非常的生氣！

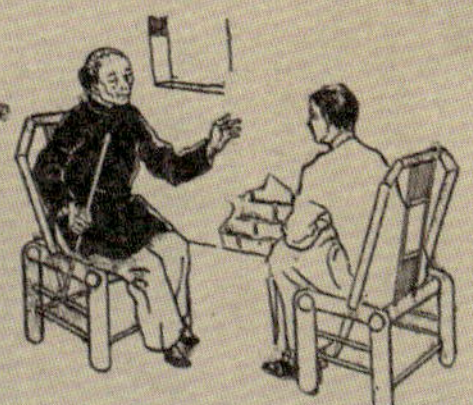

常跑到鄰家的老太婆家裏坐着

所以，小朋友們呀！你們以後如果父母替你們主婚，而你們覺得那對方不會是你永久的伴侶時，那你們就該立刻提出抗議的。不然，你們倘若忍受下去，那糾紛也將會到了同我差不多那樣的情形。

我心裏悶極，一感到自己像被活埋了那樣的時候，常跑到一個鄰家的老太婆家裏坐着。於是，她

是用善意勸我許多話，自然，這挽救不了我非所自願的心。而同時，她也和我談起關于我這地方裏種種事情：

她告訴我現在這地方窮得不得了了，田賦幾乎每年都……，而且旁的捐又多。稍微有幾畝田的人家，往往弄得連……，租人家田種的是更不用說了。她舉出許多例來要我相信……某某家裏本來每年能夠有十幾塊錢多的，但現在竟要人家……某家借債去；某某家裏本來是可以買幾畝田起來的，現在……了；某某在這地方上活不下去，要到寧波去做工；某某的……了，他自己也正在病，但沒有錢去拜佛，請醫生。『呵……天下真越弄越壞了！』她接着在某一段事實說了後，都這……着。

为了让小学生读懂这本书，叶永蓁也颇费心思，如采取直叙的形式，多用问句，使学生们感到“仿佛我自己和他们在讲那般”，极力避免“硬”的句子，“插入一些趣味的话提一提他们读下去的勇气”。出版社还根据内容，配了十三幅插图，以吸引小读者。

写这本书的时候，叶永蓁的生活正处于漂泊不定之中，基本靠卖文为生，故而他的文字弥漫着忧愁的调子。对于每一处流浪的地方，都像故乡那般让他惦念，所以他认为自己是没有故乡的。又因为反对家人给他包办的婚姻，使他与故乡产生了隔阂。但他说起故乡的风景，他又是很自豪的样子，“这一座名山就是雁荡，——说起来名虽不大响亮，可是风景，不是我向你们夸口说，实在是天下无双的”。说起故乡的习俗，他一一解释“正月灯；二月鸢；三月麦笛做鬼叫；四月冷清清；五月龙船鼓儿鼕鼕声；六月六，洗狗畜；七月七，巧食大家吃；八月八，月饼馅芝麻；九月九，登高分分有；十月十，草枯牛没吃；十一月，吃汤圆；十二月，糖糕中壮元”这首歌谣的来历。

虽然叶永蓁口口声声说故乡与他之间成了一种极

生疏的距离，淡漠得像忘记了它，但心里还是很惦念这片土地，那里的贫穷、愚昧和落后，“谁可以挽救它呢？倘若说一定有人的，这责任也在将来的你们的身上”。

总而言之，这本书是叶永蓁成名之作《小小十年》的一个很大很真实的注解，颇有价值。

二〇一八年五月十七日

霍桑童话集

据说缪天华翻译的《霍桑童话集》是霍桑作品最早的中译本。是书上海大东书局一九三三年十二月初版,收录《六颗石榴子》《一只乌木箱》《五个大齿》《欢迎旅客的树荫》《金身的女儿》六篇文章,不到一百页。既没有译者序言或后记,也不见编辑说明之类,无法知晓底本的来龙去脉和译者的情况。我不禁产生了点疑虑,这缪天华到底是不是瑞安的那位缪天华。因为目前介绍缪天华的生平,都没有提到他曾翻译过霍桑的作品。

我手头有几本缪天华晚年在台湾出版的散文集,多是回忆故乡、怀念师友、记录经历的文章,偏偏就没有讲到有关霍桑的一点点事,更无提及有本译作了。那他是不是做过翻译的事呢?有。缪天华在《桑树下》一书中,两处提及一九三一年初他在南昌坊间看到一种西洋活页歌曲，附有英文歌词并中文译词，但译词既拙劣又跟曲谱不相配合。于是他重译一过，叫音乐家李元庆弹奏试唱后，再投到《音乐教育》发表。缪天华当时辍学无聊，囊中羞涩，而这本杂志的稿费很可观。为了提高发表命中率，就署名天华，使大家误认为是刘天华所译，不会怀疑译者是个不通音律之人。这样居然刊发了七八首。若干年后，缪天华在课堂上指着旧杂志上的一首《小夜曲》说："这是我翻译的。"一个女生笑着说："老师，别吹牛，这是刘天华译的呀。"

缪天华的大哥缪天瑞却是位著名的翻译家，翻译了许多音乐理论作品。缪天华翻译西洋歌曲，甚至翻

◎ 霍桑童话集

缪天华 译

上海大东书局

一九三三年十二月初版

1/32 13×18.2cm

◎ 霍桑童话集（上）

缪天华 译

上海大东书局

◎ 霍桑童话集（下）

缪天华 译

上海大东书局

译霍桑的童话作品，一定有受大哥影响的成分。

这样想想也有点释然了。但我还是希望能找到确切的证据，证明此缪天华就是瑞安缪天华。虽然现在我也找不出另外一个缪天华能有这样作文和译文的本领。

这本《霍桑童话集》后来列为新儿童基本文库再版，改为上下两册，封面连译者名字也没有印，但在版权页上印有该文库的相关介绍，可以找到缪天华的名字。

二〇一七年八月二十九日，二〇二二年一月三十日订正

忏悔

王国龙的口述自传涉及温州托派史上几位重要人物，如曾猛、何止铮。其中提到何止铮苏联回来后，靠翻译维持生活。何止铮在苏联留学的时间比曾猛长，俄文很好，翻译了高尔基的《母亲》。后来通过叶永蓁介绍，找郁达夫帮忙，在中华书局出版了，拿到两百银元的稿费。这段话是王国龙回忆与叶永蓁等人的交往时提及的，稍显杂乱，所以没有编到《瓯风》新刊第四集刊发的《王国龙口述自传》之中。

而我顺藤摸瓜找到了何止铮的两本译著。一是高尔基著、何妨译《忏悔》，中华书局一九三四年四月发行、一九四九年十月三版，现代文学丛刊之一。何妨即何止铮。查《中华书局百年总书目》，当时并无《母亲》译本。所谓翻译的高尔基作品，即是这本《忏悔》。王国龙记忆应有误。二是《未名剧本》，柴霍甫著、何

◎ 忏悔

何妨 译

上海中华书局

一九四九年十月三版

1/32　12.7×18.3cm

妨译，正中书局中华民国二十四年十一月初版、中华民国三十六年十一月沪一版。

《忏悔》除注“一九三一，七，三，脱稿于沪上”，再无其他说明。《未名剧本》倒有一篇写于一九三三年六月的《介言》，介绍了这部四幕剧一九二〇年在苏俄中央文艺原稿保存馆发现，一九二三年第一次公开发表，据柴霍甫的弟弟叙述，此剧写于十九世纪八十年代柴霍甫大学时期。保存馆的人员经研究认为：“这是柴霍甫从事文艺著作的时候第一次着手描写而又几经易稿的一部伟大的富有历史性的作品。”何止铮译文根据苏俄中央文艺原稿出版部一九二三年出版的第一版，“译成以后，覆勘原文，尚觉忠实。但译笔艰涩，或许有些地方不能十分显现作者生动灵活的描写天才，尚希读者诸君不吝赐教为幸”。

何止铮生于一九〇三年，瑞安仙岩（今属瓯海）岩下村人，曾用名除何妨外，还有何志泽、何葆祯、何芳、何阿芳等。一九二四年七月毕业于浙江省立第十中学校师范部。在校期间，曾与蔡雄、金贯真、苏渊雷等组织“宏文会“血波社”等团体。当时，朱自

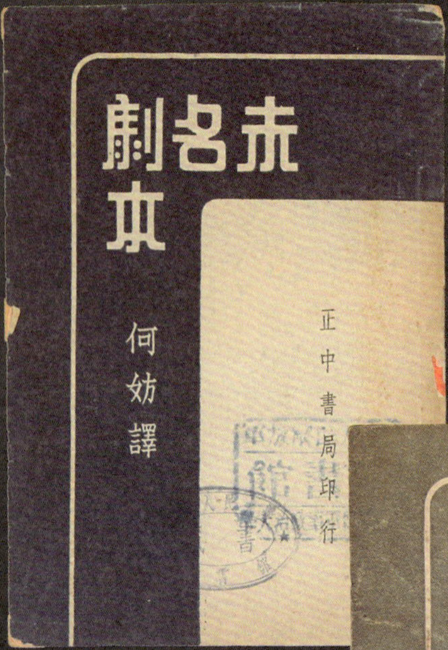

◎ 未名剧本

何妨 译
正中书局
一九四七年十一月沪一版
1/32 13×18.3cm

◎ 未名剧本

何妨 译
正中书局
一九三五年十一月初版
1/32 13.2×18.7cm

◎ 未名剧本

何妨 译
正中书局
一九四七年十一月沪一版
1/32 12.6×17.7cm

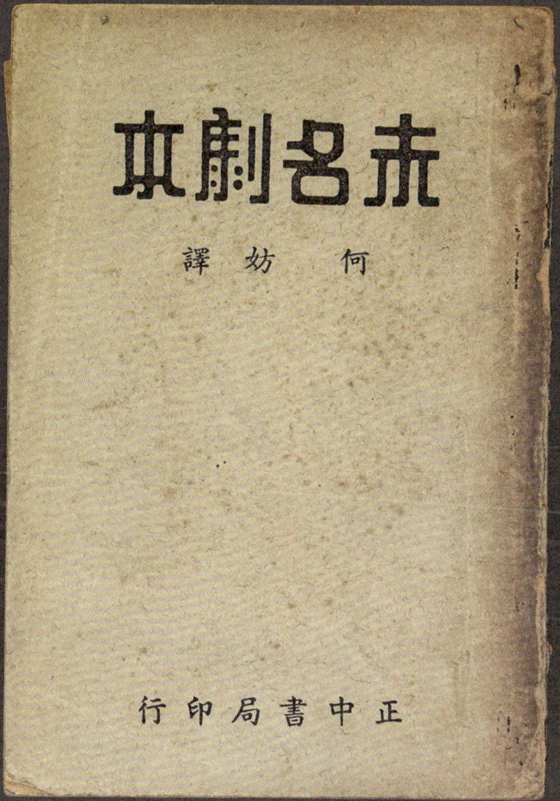

清正在该校任教，何止铮等曾受其指点。

一九二四年年底，谢文锦介绍何止铮加入社会主义青年团（S.Y），同批另有戴家椿、金贯真、陈济民、金弘谛、李德昭、金守中、谢雪轩等，共八名。据中央档案馆所藏谢文锦介绍书，对何止铮描述如下："何志泽，年二十一岁，浙江温州人，曾毕业于该省第十师校，现任温州大公报编辑事，做事很负责，人极诚实可靠，对于主义也有相当的了解。"

何止铮在温州大公报工作，也是谢文锦安排的。据黄杰甫、朱馥生《鲁迅诞辰与逝世纪念活动在温州》，何止铮编辑的副刊刊发过一些赞赏鲁迅作品的文字。

一九二五年五月，团员身份的何志泽与中共温州独立支部成员戴树棠、孙道济、魏介夫等受中共上海地委派遣，赴北京李大钊主持的政治训练班受训。

五卅惨案发生后，何止铮即赶写了一篇话剧，题为《五卅》，在《温州大公报》剧本栏目连载，署名止铮。据陈寿楠先生考证，他在浙江图书馆只找到全省仅存的一份一九二五年十月《温州大公报》，刊载有《五卅》片段。从这篇只数百字的残本看，其写作技巧较之一九一八年《瓯海公报》所刊若干讽刺短剧已有显著进步，“两者皆可暂作为我温州地区最早的话剧代表作存记”。

训练班结束后，何止铮参与组织了河南焦作煤矿罢工运动，并担任过共青团河南省委技术书记（即秘书）。一九二六年六月，担任王若飞主持的中央书记处技术书记，因而与陈独秀、周恩来等中央高层有过接触。

一九二七年四月十九日，南京国民政府成立不久即发出第一号密令，通缉全国共产党员和国民党左派人士一百九十七人，何止铮在内。

随后，大革命失败。为保存实力，何止铮受党中央指派到苏联莫斯科东方大学和中山大学学习。一九三〇年，与曾猛等人参与托洛茨基派活动。苏联肃清托派，被遣送回国。

一九三二年二月，何止铮加入到陈独秀领导的中国托派组织，担任技术书记，主要工作是编印该派内部刊物《火花》。十月，由于叛徒出卖，何止铮与陈独秀等十来人先后被捕入狱。这是陈独秀一生之中最后一次入狱。据东亚书局一九三三年版陈东晓编《陈独秀评论》附录的该陈独秀案介绍，有何止铮部分：“被告何阿芳，一名何芳，又名何止铮，浙江瑞安人，于民国十五年到上海，十六年二月经友人金慕韩即金石生介绍，加入共产团体，充当送信员，月支洋二十五元。民国十六年九月被派至莫斯科东方大学及中山大学研究共产主义，先后约三年。出校后在红色工厂里做铜匠，约半年被逐出境。至民国二十年四月回上海，即在卓群机器等厂做铜匠，旋即加入托洛茨基派。于本年九月二十三日迁住塘山路业广里第三百三十五号楼下，与王子平共同印刷中央反对派反动刊物传单等文件。以上事实，均经被告在捕房高二分院公安局及本处详细陈述，并拘捕时适在进行印刷工作，当场搜出大批《火花》《校内生活》等反动文件，核与供词皆相吻合。查被告加入共产团体，及为宣传共产主义之帮助，供证既属两确，应即依法诉究。”王子平即曾猛的化名。经审判，曾猛、何止铮“帮助以文字为叛国之宣传，各处有期徒刑五年，褫夺公权七年”。

曾猛托人请张冲帮忙，第二年被保释出狱，回到温州。后来，何止铮写了反省书，提前出狱，一九三六年五月回到老家。此外，安波明、李国栋等人也在温州宣传托派思想。有了这几个源头，温州托派形成。一九三七年秋，温州托派第一次代表大会召开。曾猛当选为干事会书记，何止铮为干事。一九三九年，曾猛第二次被捕。出狱后，对革命悲观失望。温州托派组织走向瓦解。后由周任辛、王国龙等重新组织恢复。

何止铮回温州后，一直教育界工作。先后在永嘉县立承化小学、状元温中附小、平阳郑楼温师附小、永嘉济时中学、瑞安毓蒙工业职业学校、永嘉建国初级中学、龙川省立临时第三中学、仙岩小学、瑞安中学、温州中学、杭州武德中学等任教。一九四六年，曾当选为瑞安县第一届参议会议员。一九五〇年三月，苏渊雷介绍他到上海华东财经委员会计划局当俄文翻译。一九五一年八月，到华东革命大学学习。一九五二年五月，在南京图书馆工作。但好景不长，全国肃清托派运动即起，何止铮被捕，关在上海，后释放回老家管制劳动。

托派分子的命运大多悲剧收场。据《瓯海文史资料》第十六辑所刊《我区最早留苏的共产党员何止铮》

记载，何止铮一九六四年夏在小河中洗澡时淹死，终年六十二岁，是因为劳动过度疲惫的缘故。关于介绍何止铮的文章，我只找到这么一篇。此文作者周兴杞，曾任瑞安市委党史研究室主任。他与何止铮在仙岩小学的老师周圣伊是邻居。上世纪五十年代末，何止铮经常过周家聊天，看他是小孩，也不避讳，因此得以知晓一些情况。据该文透露，一九三一年，何止铮自动脱党，在上海虹口广东机器厂做工。当时任中央军委秘书的同乡李得钊曾以周恩来的名义捎信，要他到江西中央苏区负责军事工作。但苏联肃反运动给何止铮留下了极大的阴影，加上彭述之、曾猛等的拉拢，使他失去一次机会。五十年代初，何止铮曾打算给周恩来写信，遭到了苏渊雷等人的反对而作罢。

二〇一二年十月三日

外族音乐流传中国史

孔培培编《中国音乐史习题集》上有一道选择题：我国第一部中外音乐文化交流史是（ ）写的《外族音乐流传中国史》。A、王光祈，B、孔德，C、杨荫浏，D、叶伯和。正确答案是B。姑不论《外族音乐流传中国史》是不是我国第一部中外音乐文化交流史，至少从题目可以看出此书是这个领域较早并重要的一部论著。

《外族音乐流传中国史》，商务印书馆一九三四年四月初版，史地小丛书之一。分《序论》《凡例》《古代之夷乐》《北方诸国之乐》《西域诸国音乐》《西南诸国音乐》《东方诸国音乐》《余论》等篇章。其特色从《凡例》可见一斑："本书注目于外族音乐何时入华，其影响于华乐何若？侧重于史之叙述及考订。""近人著作如童斐《中乐寻源》（商务出版）、王光祈《东西乐制之研究》（中华出版），童详于曲谱唱法，王藉西洋律学，理董中乐，于华乐因革，则未能明。此书则于曲律从略，史迹求详。”

陈永《中国音乐史学之近代转型》认为：“孔德著作对当今中国民族音乐（传统音乐、少数民族）的学术研究，有着非同寻常的学术理论和实践指导意义。”对于汉族以外的少数民族音乐历史的专题研究，在孔德之后，沉寂了六十多年，直到二十世纪后期才有专著出现。“鉴于此，重新认识和阐发孔德著作的学术贡献，意义自不待言。”

《外族音乐流传中国史》虽为多部中国音乐史专著提及，但孔德生平一直是个谜。目前可知孔德字肖云，温州平阳人，生卒年不详（大致生于一八九八年，失踪于一九五二年前后）。一九二五年至一九二六年就读于清华大学国学研究院，《外族音乐流传中国史》一书即作于此时，为毕业论文。其序云：“自古于外族音乐，贱视为夷，略不记载。今就诸史乐志，各家记录，考订纂集，明其变迁。梁先生《历史研究法》云：‘史须注目于文化之继承及传播，其变迁及得失如何。’又云：‘中国史之主的，说明民族所产文化，以何为基本，其

◎　外族音乐流传中国史

孔德
商务印书馆
一九三四年四月初版
1/32　13×19cm

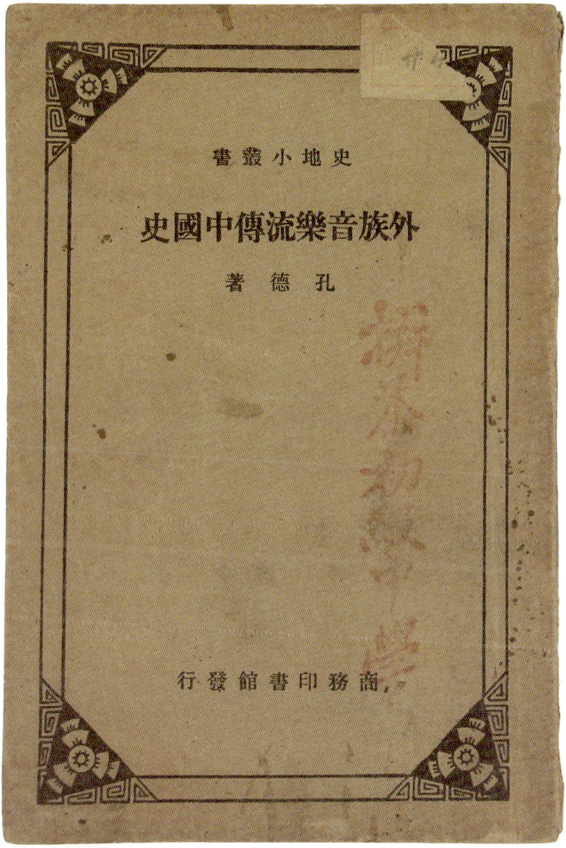

与世界他部分文化，相互之影响何如。’余今作是篇，本师意也。”梁启超与王国维信提到“诸生成绩交到此间者已大略翻阅，内中颇有可观者”就有孔德的名字。在废除清华国学院讨论中，孔德撰文《为研究院名义废存问题敬告全校教职员先生》以示反对。后任教于上海光华大学、上海商学院、安徽大学、三台东北大学、中山大学等。一九二七年《光华年刊》刊有孔德照片，形象清秀儒雅。安徽大学时期，介绍吕思勉、蒋径三、许杰、周予同等入职，许杰口述自传忆及。吕思勉则有诗记一九三二年与孔德同游迎江寺：“江外青山似有无，江头西去片帆孤。哀丝豪竹年年感，赢得浮生似梦徂。”一九四四年，在四川三台曾与高亨等人组建草堂书院。一九四五年后到中山大学，曾任国文系主任，编有《大学国文选》，王力曾回忆在校与孔德并不融洽。吴宓一九四八年三月日记提及孔德多次来信邀他前往中山大学讲课。后又请吴宓就任文学院院长，吴宓未往，向孔德举荐陈寅恪到中大任教授，但陈欲往岭南大学。一九四九年后，孔德去向不知。

孔德与安徽老诗人陈诗有诗词往来，陈诗曾作《孔肖云携赠真如镇蜀人以糯粉所制桃片糕，片片薄如纸，无烦齿嚼，宜于老年，赋此奉谢》，记一段逸闻："蜀号胡桃片，吴称玉带糕。釜蒸还捣杵，刀薄等吹毛。小食唐时尚，余甘舌本韬。真如孔教授，携赠不辞劳。"

孔德还有《唐元次山先生年谱序》《唐元次山先生氏族考》《元氏民族考》《唐元次山评传年谱》《唐元结年谱》等论文散见于《光华季刊》《说文月刊》《国立中山大学文史集刊》《国立中山大学语言历史学研究所周刊》等。一九七五年五月，台北华世出版社再版《外族音乐流传中国史》。二〇一六年十月，河南人民出版社将《外族音乐流传中国史》与朱谦之《音乐的文学小史》合在一起影印再版。

孔德形迹丝丝缕缕，颇不成篇，这里略微勾勒，笔者已另成《"失踪"的孔德》，或可参阅。

二〇二〇年二月十六日，二〇二二年二月一日改定

电影艺术

关注殷作桢已久，但收获不大。这几年来，只买到两种：一是他翻译的科华德（Noel Coward）剧本《骑队》，商务印书馆一九三六年六月初版，在孔夫子旧书网守株待兔好几年才选中品相、价格皆满意的；另一则是这本《电影艺术》，一九三四年八月中国文化书局初版，二〇一八年春中国书店拍卖会电话委托所得。

殷作桢出身温州平阳名门，与殷汝耕、殷汝骊、殷汝熊等同出一族。一生从文，虽无留下知名作品，但在上世纪三十年代文坛却是个活跃分子，因与左联有诸多瓜葛，文学史上常有提及。殷作桢经历丰富，复旦大学毕业后，留在上海从事写作，创办《中国文学》《文化情报》杂志。不久，投身军政界，先在军事委员会委员长南昌行营服务，后担任空军特别党部宣传科长、中央军校广州分校教官兼《中山日报》副刊主编、

◎　骑队

殷作桢 译
商务印书馆
一九三六年六月初版
1/32　13×19cm

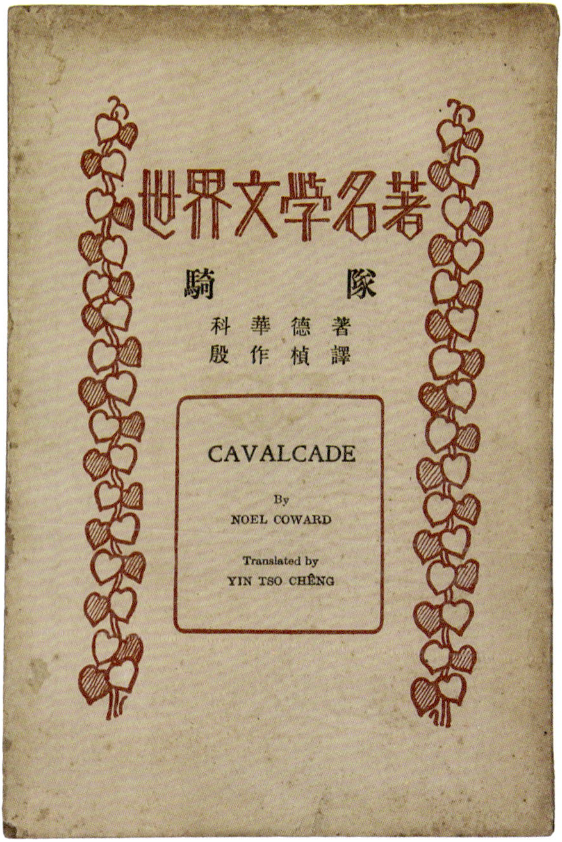

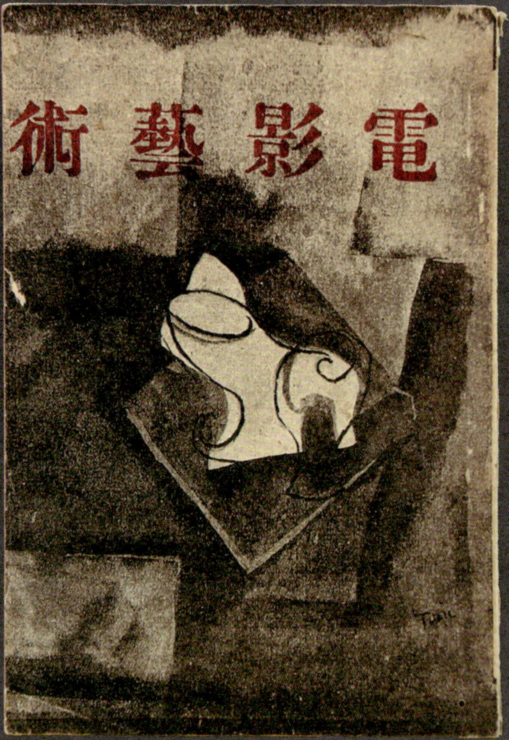

◎　电影艺术

殷作桢
中国文化书局
一九三四年八月初版
1/32　13×18.5cm

寫在電影藝術之前

一向是喜歡看電影的，而我的看電影不在于僅僅獲取脚本的故事，畫面鏡頭的變化與場面之節拍和速度的進行，特別引起我的趣味的集中。因此，除了入電影場以外，我便買了若干册關於電影技術與導演方面的書來讀。讀了這些書而後再到電影場去，是覺到更有趣味了。

這樣一來，看完一部片子就有許多意見，有了意見便想把牠寫了出來。我開始寫電影批評了。我之從事電影批評的工作，開始于一九三二年的暑假，那時電影刊物正如雨後春筍，上海各大報都競出電影副刊。從一九三二年的暑假到一九三三年的暑假，這一年之中，我寫了不少的關于電影方面的文字。（收在拙著論文集文學戲劇電影裏）

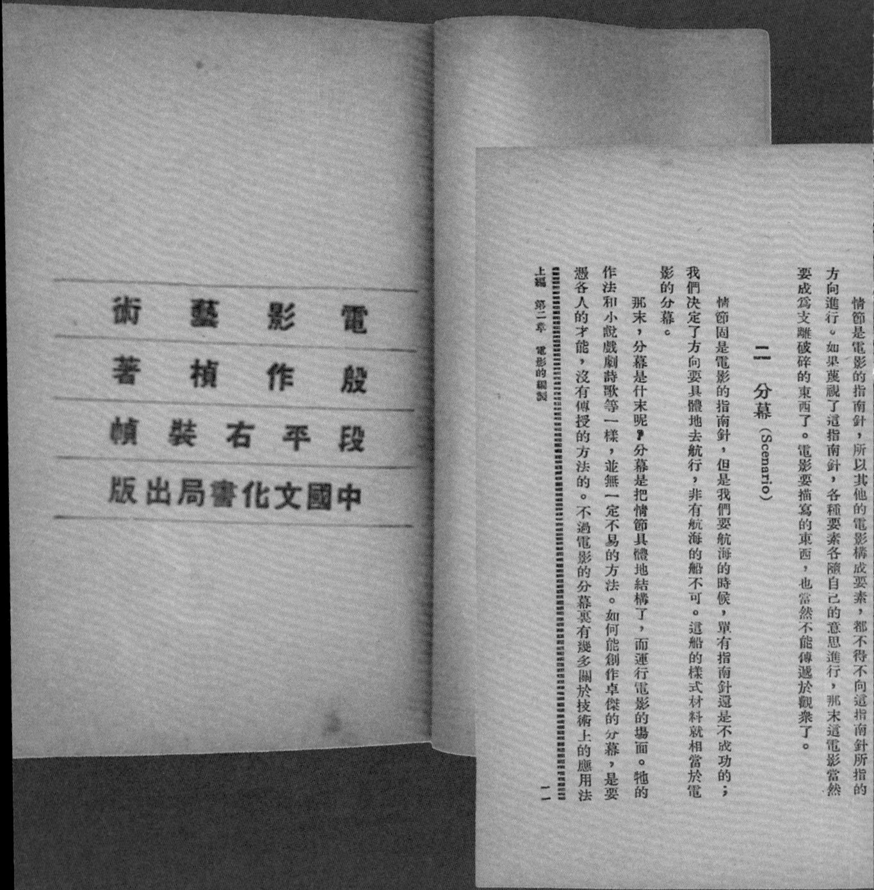

電影藝術

殷作楨著

段平右裝幀

中國文化書局出版

情節是電影的指南針，所以其他的電影構成要素，都不得不向這指南針所指的方向進行。如果蔑視了這指南針，各種要素各隨自己的意思進行，那末這電影當然要成爲支離破碎的東西了。電影要描寫的東西，也當然不能傳遞於觀衆了。

二　分幕 (Scenario)

情節固是電影的指南針，但是我們要航海的時候，單有指南針還是不成功的；我們決定了方向要具體地去航行，非有航海的船不可。這船的樣式材料就相當於電影的分幕。

那末，分幕是什末呢？分幕是把情節具體地結構了，而運行電影的場面。牠的作法和小說戲劇詩歌等一樣，並無一定不易的方法。如何能創作卓傑的分幕，是要憑各人的才能，沒有傳授的方法的。不過電影的分幕裏有幾多關於技術上的應用法

上編　第二章　電影的編製　　一一

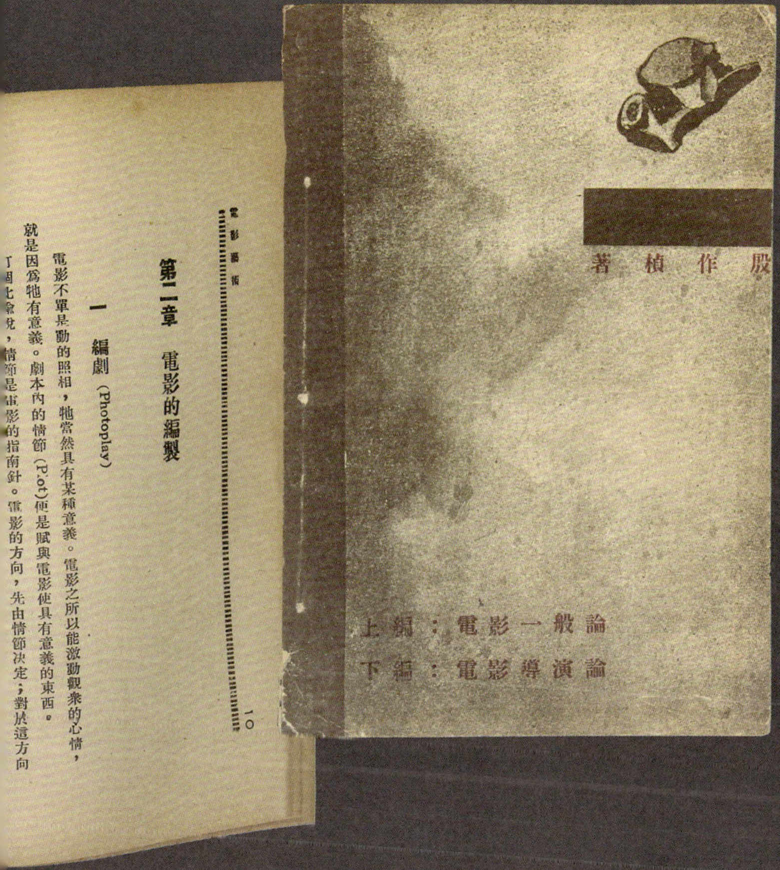
電影藝術
10
第一章 電影的編製
一 編劇 (Photoplay)
電影不單是動的照相，牠當然具有某種意義。電影之所以能激動觀衆的心情，
就是因爲牠有意義。劇本內的情節（P.ot）便是賦與電影使具有意義的東西。
情節是電影的指南針。電影的方向，先由情節決定；對於這方向
殷作楨著
上編：電影一般論
下編：電影導演論

第三战区司令长官部政治部宣传科长、重庆军事委员会政治部青年军政工指导委员会委员、国防部新闻局第一处少将副处长、中国时报社长、青年军出版社社长等职；一九五〇年辗转到了台湾，任中国国民党台湾省党部宣传处副处长、政工干校教授。在越南协友人创办《成功日报》,任总主笔兼总编辑。一九六六年返台。一九九一年七月病逝于台北，享寿八十五岁。

殷作桢著作颇丰，一九四九年前结集有短篇小说集《文状元》《生活在空袭中》，译作《骑队》，文论集《电影艺术》《战争文学》，政论集《领袖的青年期》《蒋委员长的思想体系》等，到台湾后，还出版了论集《三民主义思想概论》《中国文化研究》《怎样写文艺作品》，小说集《女性群像》《胜利号》,并编写有《社会学》《中国上古史》《中国中古史》《中国近代史》《中国文学史新编》等讲义。

至于为什么要写这本《电影艺术》，殷作桢在书中介绍：“一向是喜欢看电影的，而我的看电影不在于仅仅获取脚本的故事，画面镜头的变化与场面之节拍和速度的进行，特别引起我的趣味的集中。因此，除了入电影场以外，我便买了若干电影技术与导演方面的书来读。读了这些书而后再到电影场去，是觉得更有趣味了。这样一来，看完一部片子就有许多意见，有了意见便想把它写了出来。”在这个写作过程中，他觉得国产电影在脚本、导演、演员等环节颇多不尽如人意之处，尤其技术方面没有丝毫的进步，所以下决心写点电影理论与技术方面文章，发表在《文艺创作讲座》《青年与战争》《时事新报》上，而后结集成此书。全书分《电影一般论》《电影导演论》两部分，对电影的本质、编剧、演出、摄影、剪辑、节奏及西方导演方式等作了阐述和介绍。对此，殷作桢是颇为自信的："中国的电影事业有十多年的历史，但是，可作为电影事业向前进展之指针的书刊却一本也没有。除了几本电影书刊在登明星照片，代明星作起居注及追寻她们的艳史外，剩下的只有各报的电影副刊在刊些零星文字，所谓批评——也只是批评家们的瞎扯：总是什末意识的进步啦，表演过火啦，布景伟大啦……这一套，真正值得一读的，除了晨报馆译印的苏俄普特符金的《电影脚本论》外，尚未见有第二本。那末，作者的这本书——《电影艺术》的刊行问世，对于中国电影事业的前途，电影从业员与电影爱好者的智识讨求，想不无意义吧。”郦苏元《中国现代电影理论史》认为：“《电影艺术》在内容上兼及艺术与技术，是一本综合性电影理论著作。作者很少从艺术学角度对电影作思辨性论述，主要是阐释电影创作基本环节的要求和特点，这种阐释不是局限于种种技巧的运用，而是侧重于分析和强调其内在的美学原则，从而表达自己的电影观念。因此，就其理论形态而言，虽说实实在在，却也有着一定深度。”

此书的装帧设计很具现代感。封面是一张黑白抽象画，内页书眉设计了类似胶卷感觉的线条。而且扉页上特意注明了装帧设计者的名字，也不多见。一行“段平右装帧”与书名、作者、出版同字体同字号，非常醒目，可见作者和出版社是将装帧设计突出作为卖点的。段平右者何，决澜社成员也。其风格“出于毕加索与德兰之间”，是当时的先锋画家。

二〇二〇年一月三十一日

应用图案讲话

《应用图案讲话》是小学高年级各科副课本系列丛书中美术副课本的一本，中华书局一九三五年版。这套丛书是依据当时部颁小学课程标准高年级各课作业要项编辑的，共一百册，其中自然课三十一册、社会课十九册、劳作课十八册、卫生课八册、国语课七册、算术课七册、美术课四册、体育课三册、音乐课三册，“一方面既可供小学高年级儿童自由阅读，以补正课之不足；一方面又可为小学教师指导儿童作业之依据，以减少各科教学上之种种困难”。丛书主编是赵欲仁，各册撰者则均是浙江全省各中学附小及著名小学里的教师。

编写此书的王晓梅当时任教于浙江省立第十中学附属小学。其人多才多艺，写、说、唱、画样样会，担任过图画课、手工课教学，朝夕和儿童相处，所以写起这本书来得心应手，非常符合这套丛书要求的“选

◎　应用图案讲话

王晓梅 编
中华书局
一九三五年初版
1/32　13.2×18.7cm

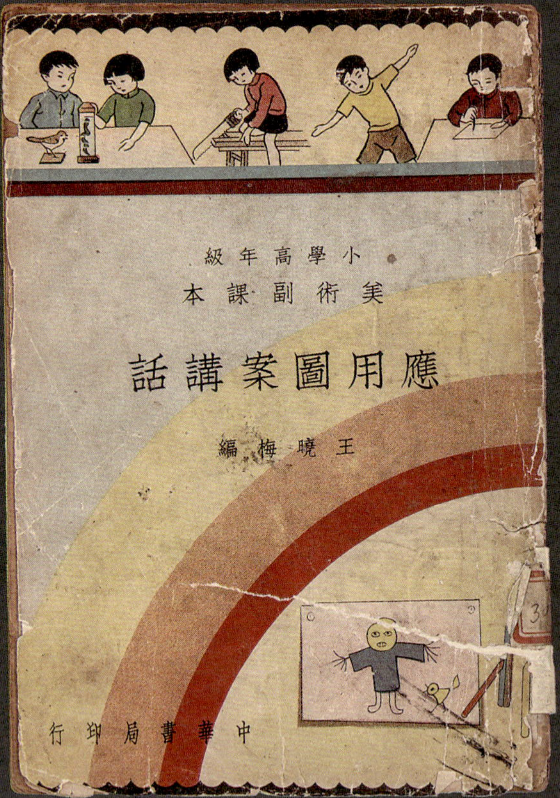

心向四方擴張，或從四方向中心集合的；前者算是離心式，後者算是向心式，如圖中（ㄆ）是。旋紋狀和輻射狀有些相像，也有離心向心的兩式，不過輻射狀是直線，旋紋狀是曲線罷了，如圖中（ㄇ）是。波紋狀，好像投石水中，那水紋向四週擴散的樣子，如圖中（ㄈ）是。定好了骨法，再把便化過的自然形態，或幾何形，依照骨法，描寫起來，就很便當了。」

鴻小弟還要窮根究底的問：「華哥兒所說的骨法，是專指着受某種輪廓所管束的單獨模樣而言的；至於不受某種輪廓所管束的單獨模樣，應該怎樣畫呢？」

華哥兒說：「那是沒有一定的方法的，只要畫者，

能夠顧到均齊和平衡的法則就是了。」

梅大郎等到本問題研究完了時，把研究所得，簡單的說了一次。並且，還拿出一張圖案畫（如圖十四），把怎樣叫做直立狀均齊式、平衡式，輻射狀離心

圖十四

圖十八

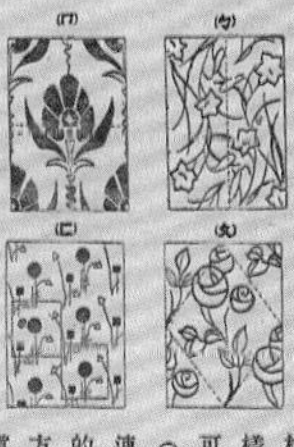

格，填充一適當的模樣，使上下左右，都可以連續，如圖十八（ㄆ）是。3. 方形的連續模樣——以方格的交點爲中心，或以方形的中心爲中心，塡充一適當的模樣，使他互相連續，如圖十八（ㄇ）是。4. 階段的連續模樣——將許多方格，高高低低的參差排列，再在各方格內，塡了同樣的單位模樣，如圖十八（ㄈ）是。5. 波形的

圖十九

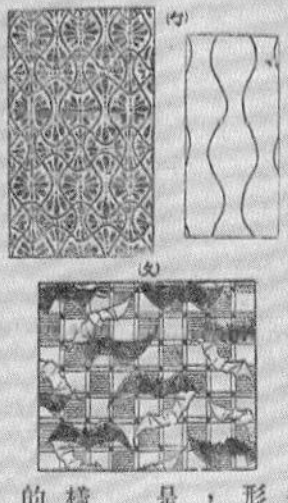

連續模樣——依波形的線畫各種花紋，如圖十九（ㄅ）是。

「重疊式的模樣，是用二種以上的模樣，重疊構成；浮在上的，叫浮模樣，在下的，叫地紋。如圖十九（ㄆ）是。

「除此以外，還有一種連續式的模樣，完全是用直線組成的，有人稱他叫做點網式的模樣。這種模樣，不

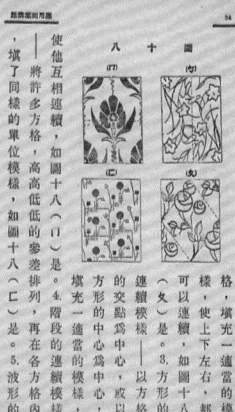

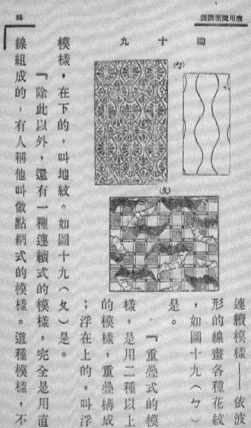

材切合儿童需要，编制切合儿童心理”。王晓梅在浙江省立第十中学附属小学服务了十七年，后担任私立三希小学校长，是温州知名的教育人士。他在三希小学校长任上发现了刘小粟这根苗子，为这个十岁小孩举办个人画展，轰动一时，至今为人所乐道。刘小粟即后来的著名画家刘旦宅。

《应用图案讲话》运用讲故事的方式撰写，故事的主人公有梅大郎、华哥儿、鸿小弟、美姐姐、醒妹妹，都是小学生，他们组织了一个图案研究会，年纪最大的梅大郎被选为主席。在梅大郎的主持下，小伙伴们召开了九次研究会，讨论应用图案的选材、分类、制作等问题。开篇结尾都是梅大郎的致辞，简洁扼要，提纲挈领，非常生动，又富有启发，不妨摘录几句。

“现在的世界，是一个应用图案的世界；只要大家留心观察一下，无论在甚么地方，都有一种图案应用者。单就各人自己的用品来说吧！那些读物的封面，不是印着各式各样的图案吗？随便那一种玩具，不是都带着图案的意味吗？此外，像我们的文具、书包、食具、衣服，以及一切的日常用具，差不多没有一件，不应用到图案的啊！再把范围扩大一些，看看一座高大的房子，或一条繁华的市街，更是那一处离得了图案的支配呢？图案的应用，既然是这样的广，那么我们来研究应用图案，确实是一件有意义的工作了。”“关于图案的应用，我们已经研究过好几次了。不过，这是初步的研究，算不得甚么一回事。因为图案的应用，决不仅在口头上研究就可完了的，换句话说，图案的应用，是多方面的。……总之：我们的生活活动，都和图案发生密切的关系的。不论我们在学校里，在家庭里，在社会上；不论我们的衣、食、住、行，都是离不开图案的。所以，我们对于图案的应用，不得不继续不断的加以研究啊！”

文抄公至此，想起一位温州画家汪如渊所著《图画学理法汇参》自序里的几段话：“图画之学，吾国最古，大抵去造字不远也。自晋唐以后，此道大昌。顾画学虽自古有之，咸目为雕虫小技，壮夫不为。士大夫之精于斯学者，不过藉为悦性陶情之具。虽当时见重于艺林，亦徒供世人之玩好而已，未有列于学官设为教科，为人人应有之学问，而视为生民实用之必需者也。

窃以谓吾国教育上一种科学之缺点，而工艺不得发达，生计所以困难，其原因未必不在乎此。夫国家之成立财政为先，财政之发生工艺为最。太史公传货殖有曰工而成之，又曰巧则有余、拙则不足，苟无巧妙之知能，与美术之思想，以制造物品，安能改良进步，而投众好也乎。欧美各国制造日精，为国家莫大之利权。虽曰格致算术之进步，而图样标本，则图画之补助力为多。近今谈教育者称图画为工艺之母，富强之基，诚非虚语也（美术基于图画，一叶之纸、断片之木，若施以美丽之装饰，千金之价不难立致，故自有图画则制作品愈精，而且获利愈厚，国有不富强者未之闻也）。……由今日世界之现象观之，立国于地球上者，一般学术思想之潮流，咸集视工艺战胜为中心点，故泰东西各国近十数年工艺界之进步、美术品之优胜，几如电闪云驰，不可思议，实自斯学教育上之发达有以致之，此又其彰明较著者也。”

汪氏之言写于一九一一年，王氏借梅大郎之口述于一九三五年，差不多一百年过去了，国人于美学教育及工业设计似乎还是个问题，在分数为王的教育现状下，甚至有衰败之势，联系到近年来日本柳宗悦民艺思想给我们带来的冲击，真觉得悲哀。

回到本文主题。前不久我曾在金陵先生书房里见到王晓梅后人所辑《思亲集》油印本三集，收录王晓梅部分文稿、著述篇目及纪念文章，分别印于一九八八年、一九九一年、一九九八年，很是有心。但我想，这项工作有关部门理当重视，像王晓梅这样把毕生精力献给教育事业的人，值得更全面地整理其著述及相关纪念文章，何况他们的精神和学说于今还有一定的借鉴意义，应广泛传播。

二〇一八年七月十九日

石火集

《石火集》是一本旧体诗集，竹摩、通一合著，人海灯社丛书之五，人海灯社一九三六年一月印行。

竹摩即竺摩，俗姓陈，十二岁在乐清寿昌寺出家时，法名默诚，字守志。后来他随芝峰、太虚等学习，有所心得，就取了笔名在《人海灯》《海潮音》等报刊上发表诗文。据说他一生有二十来个笔名，用最多的是竺摩，这样竺摩法师这个称呼就流传开了，本来的法名反而渐渐为人们遗忘。查阅竺摩诗文，署竺摩开始于一九三四年，但一九三四、一九三五年间这个笔名用得不多。一九三五年至一九四〇年间，他在《人海灯》《海潮音》《觉音》《正信》《人间觉》《佛海灯》等报刊发表的诗文，多署名竹摩。一九四〇年之后，署名竺摩才多起来。他曾向人解释竺摩取自东汉时代白马驮经来东土的高僧竺法兰和迦摄摩腾。竹摩，竺摩，可

◎ 石火集

竹摩 通一
人海灯社
一九三六年一月初版
1/32 13.4×19.3cm

能只是竹竺同音，别无他典吧。

通一为时任《人海灯》编辑，不知何方人氏，生卒亦不详。从《石火集》所附两张作者照片来看，通一与竹摩年纪相仿。据书中《题何张莲觉居士》诗序，可知通一于一九三三年入粤，应聘于潮州岭东学院，兼主《人海灯》编务。一九三五年随《人海灯》编辑部移居香港。

《人海灯》原为一九三三年初芝峰在《厦门日报》所办副刊,没多久停办。后附于汕头《现代佛教》周刊，亦为时不长。一九三三年底，岭东学院复刊《人海灯》，至一九三五年因经费问题为香港东莲觉苑接办，但次年出刊便不正常了。一九三七年四月，《人海灯》改由芝峰主持，并迁往上海、宁波。八月，再次停刊。《石火集》应为香港时期的《人海灯》所出版。

《石火集》分两辑，《墨城诗稿》是竹摩所作，共四十题；《击钵吟残》为通一诗作，共二十七题。正文前还有他们的自序各一篇。这两篇序文，对佛教排斥文字、佛教徒应脱离文字障的说法，进行了反驳，可视为他们的文学主张。竹摩认为，“佛教并未排斥文字，文字的排斥和不排斥在人的执见而已”，“与其说佛教排斥文字，不如说佛教的究竟目的在证悟实相，而忽视初步工夫的文字法门罢了”，“文字的排斥和不排斥，又完全在人的善用和不善用”。他进一步阐释诗与佛教的关系：“一、诗是把刹那间所感触的所想像到的意境用精简美丽的文句抓住它的东西，若意境高妙入神，不但作者久而读之可以重温旧趣，即读者体会时亦同样的得着怡悦；二、诗是富于感情的文学，其感人之深，足以改变个人的个性思想；三、诗与偈语相近，古来许多行者往往于有意无意间流露出一些富有禅意的句子，把大乘佛教底思想表现出来；四、佛教徒一生所过行云流水的生活，都是诗的生活，能利用行脚闲暇时吟咏之，表现之，亦未始没有意义的。”此前他还作了篇万字长文《佛学与诗漫论》，来表达这几层意思。“向来的佛教与社会距离太远了，我们的吟咏，也不妨把它当做接近社会的宣传的工具，不是要成一个纯粹的诗人在诗坛上大露头角，容易拿稿费当饭吃，若那样就要成了佛教中的废人了。”而通一认为，“佛教徒在行证方面，固然无须文字，可是在初步由信起解时，除了参访善知识口头领教以外，能不能完全弃舍文字呢？就算你是上根上智专参究本来面目，或死心塌地一意念佛吧，禅净两宗宝典汗牛充栋，不先涉历一番，从解起行，总不免有盲人骑瞎马、夜半临深池的危险”。所以他希望今后佛教徒明白，“在自行化他上，不要太轻视忽略了佛教力的文学作品的创造”，“无论是自己怡情悦性或激励他人，这力的文学多少总有些利益的”。

通一还在这篇自序谈到与竹摩的交往，虽然尚未谋面，但竹摩是他的畏友，在学问上是良朋，在佛教立场是同一战线的兵士。合出诗集，作为他们神交两年的纪念，是通一的主意。开始竹摩并不同意，通一给他写信说：“我们不是大腹书贾，谁也不会疑心我们剥削读者。自己掏腰包，不怕人说我们有坐抽版税之嫌；而且人事无常，年纪很轻的朋友近几年来已死了好几个，生死关头，谁做得主，即使百岁光阴，还不等于石火般的倏忽？趁着可能的机缘，留一些生命史上的纪念吧！”这打动了竹摩，同意在“石火电光的幻影中抓住一点子痕迹来纪念我们一种相识的因缘”。人生如石火一瞥，彼此爱惜、珍重这石火般的人生，这便是《石火集》的由来了。

竹摩在《佛学与诗漫论》一文谈到佛教徒该写哪些题材的诗，概括为“显示真如理”“象征人间苦”“素描僧生活”“吟咏佳生活”四方面，《石火集》所收大致亦如此。这里录《游孤屿江心寺》，以见其诗风的一面：“突波破浪一金鳌，势夺三山海上浮。文卓忠君同慷慨，谢王韵事总风流。一江水映千家屋，八月风生万里潮。放棹登临秋正好，四围暝色入高楼。江山一碧镜中天，杨柳芙蓉景色鲜。潮去两峰分外出，云来双塔空中悬。安禅说法仰青了，乘兴题诗怀浩然。钟鼓敲残尘市梦，兴亡往事付流川。”

二〇二〇年二月三日

普天颂赞

《普天颂赞》是集体的成果，但由于刘廷芳是主要参与者，故在这里作介绍。

一九三一年四月，中华圣公会、美以美会各自想编一本新圣歌集。中华基督教会便提议大家联合来做这件事，除这三家外，华北公理会、中华浸礼协会、监理会也相继加入，六家成立了联合圣歌编辑委员会，成员有刘廷芳、杨荫浏、费佩德等二十五人。

从一九三一年九月到一九三五年三月，编委会召开了五次会议，议定选歌、音调、试唱等项，最后选定五百十四首圣歌，其中译述圣歌四百五十二首，中文创作圣歌六十二首。创作的圣歌中有两首是古代作品，一是从敦煌石窟中发掘而得的《大秦景教三威蒙度赞》，另一是清初天主教司铎吴渔山作品。圣歌是舶来品，编委会在选定译本或进行修译时，遵从了辞

◎　普天颂赞　（精装本）

刘廷芳等
广学会
一九四七年版精装线谱本
1/32　15×22.3cm

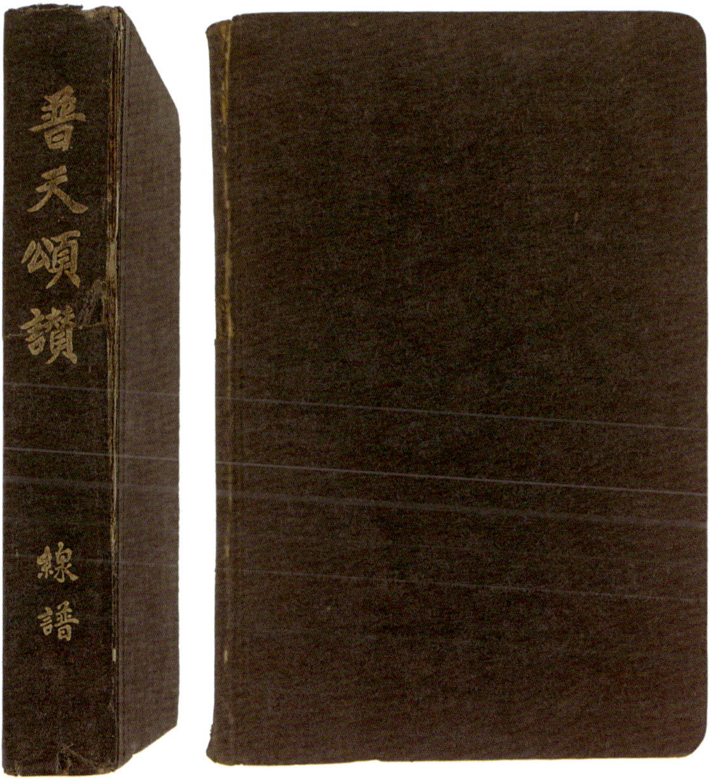

普天頌讚

中華基督教會，中華聖公會，美以美會，
中華浸禮協會，華北公理會，監理會，
授權編訂印行

Hymns of Universal Praise

Edited by

THE UNION HYMNAL COMMITTEE

Appointed by

The Chung Hwa Sheng Kung Hwei
The Church of Christ in China
The China Baptist Convention
The Methodist Episcopal Church North
The Methodist Episcopal Church South
The North China Kung Li Hui

廣學會出版

民國三十六年

SHANGHAI

THE CHRISTIAN LITERATURE SOCIETY FOR CHINA

1947

292 愛歌

希望,和平,喜樂

O LOVE THAT WILT NOT LET ME GO

ST. MARGARET

劉廷芳譯, 一九二九

GEORGE MATHESON, 1882 — 8. 8. 8. 8. 6. — ALBERT L. PEACE, 1885

293 平安讚美歌

希望,和平,喜樂

JESUS THE CALM THAT FILLS MY BREAST

WARATAH

劉廷芳楊蔭瀏合譯, 一九三四

FRANK MASON NORTH, b. 1850 — L. M. — MOSES SMITH CROSS, b. 1854

4 基督是我終身嚮導,
多愁夜裏保惠之師,
孤獨期間眞摯良友,
是我救主,光明,策士。

5 力量光陰,願獻於主,
內心行動,願依聖意;
願在平安,讚美中間,
靜待我主永復時期。

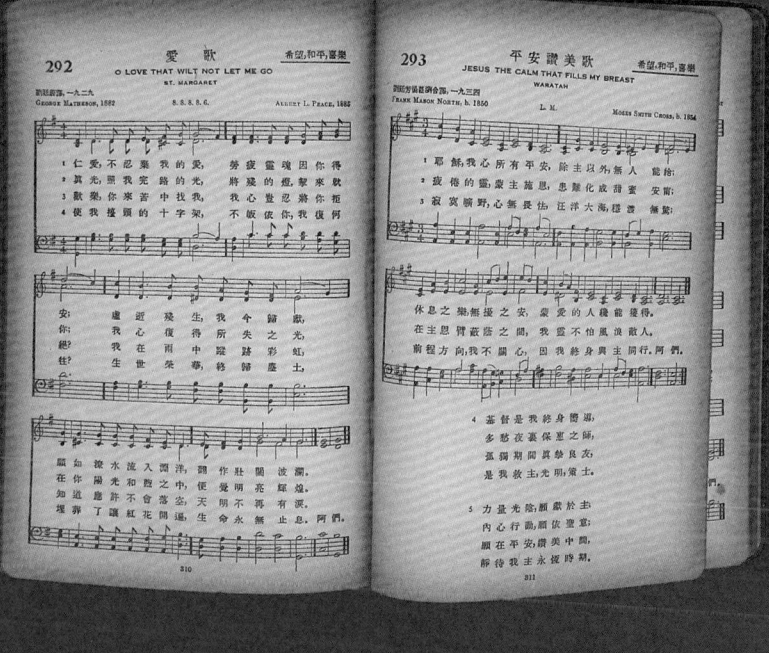

义接近原文、文致自然与美丽、用字浅显简易、平仄协和等七项原则。尤其值得一提的是，在音调上有七十二阕是中国的音调，包含了据说是王维、白居易的作品，还有满江红、如梦令等词调。可以说，无论从词曲还是译述，都体现了本土化。

在一九三二年的集会上，刘廷芳当选为编委会主席兼文字支委会主席，与编委会总干事杨荫浏一起，负责大部分的修译工作。刘廷芳素来对创作译述圣歌工作很重视，在《中国信徒与圣歌》等文中屡提改良圣歌的意义所在，并亲力亲为，在燕京大学任教之际就与王有得、吕明忠、董绍明、刘廷蔚等试验新译诗歌。《普天颂赞》一书中，出自刘廷芳手笔的圣歌达一百七十多首，多半是信徒集会时经常要唱的，比如《圣哉三一歌》《千古保障歌》《平安夜》《普世欢腾》等等。

《普天颂赞》首版于一九三六年三月，主要有线谱本、数字谱本、文字版本（分四号字、五号字两种）三个版本，当年就销售了二十多万册。我所得为一九四七年版精装线谱本，版权页标明各类印本印数达三十七万八千本，其受欢迎程度可见一斑。朱维之赞颂刘廷芳的功绩，曾指出：“基督教在五四运动以前的最大文学贡献是《新旧约全书》官话和合译本底完成；而基督教在五四以后最大的文学贡献便是《普天颂赞》底完成。前者是白话新文学底先驱，后者是新的合乐诗歌底普遍化。若有人问起基督教对中国文学有什么贡献时，我首先便要拿出官话和合译本《圣经》和《普天颂赞》。”又可见其重要性了。

二〇一四年五月八日

晚宋民族诗研究

《晚宋民族诗研究》，陈灼如编著，正中书局民国二十五年十二月初版，国学丛书之一，所得原为国立西北大学图书馆藏书。编著此书的缘由，是书《绪论》讲得很明白："有宋一代，内忧外患，交相煎迫。……一二英特之士，受异族之压迫，《黍离》之感，夷夏之辨，激于外而动于中，往往发为凄厉之调，以为其悲愤，令人读之，辄欷歔感慨而不能自已。……余以为有宋一代之文学，非欧、王、苏、黄之作，而为晚宋民族之诗，光芒万丈，惊心动魄，惜后人殊少道之者，心窃疑之。……当今中原板荡，强敌压境，东北四省，收复无期，东南半壁，危在旦夕，其处境之艰难，应付之棘手，尤甚于晚宋！而一般文人，犹醉生梦死，畏首畏尾，上焉者考据词章，破碎相尚，下焉者吟花弄月，满腹牢骚，未尝有国家之念，民族之痛。……

◎　晚宋民族诗研究

陈灼如
正中书局
一九三六年十二月初版
1/32　15.2×21cm

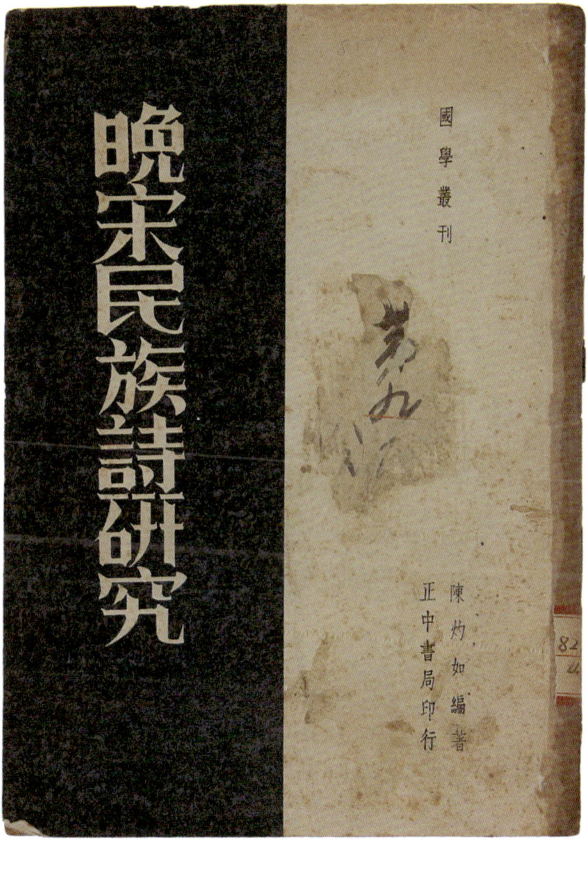

顷治宋诗，旁涉文天祥诸家，爱国之心，油然而生，爰著此篇，聊抒我心中之所欲言者。”

编著者以为晚宋民族诗歌最足以称述者，当推文天祥、谢翱、汪元量、谢枋得、郑思肖、林景熙、真山民七大家，许月卿、方凤、龚开、梁栋等次之。故全书写七大家各一章，许、方、龚、梁合为附录，开头乃绪论，末有综述《民族诗在宋诗坛上之地位》，共十章。

又编著者曾作《校罢拙作晚宋民族诗研究（正中书局印行）有感》，刊于《政干通讯》一九四〇年第一卷第一期。序云此书为二十三岁旧作，校印时在南通学院秘书室任职。诗曰：“杜门守拙不张罗，尽日酣眠醉态耽。大局纷纭佳境少，小诗辛辣苦情多。叠山愤发纲常句，信国悲扬正气歌。溟海茫茫鲸未斩，持竿我亦□蹉跎。”

我本不知此书亦为温州人之作，听闻编著者后人说起才有所了解。陈灼如，名华，一九一〇年生，一九五九年去世。乐清象阳人。一九三〇年毕业于温州中学，同学中有管雄，后与管雄曾同在福建省立高级中学任教。大学就读于金陵大学文学院。历任南通学院文书主任，福建省立高级中学教员，福建省政府公务员、训练所中校教官、省政府上校政治教官，福建省立农学院副教授兼秘书、教授兼训导主任，国立中山大学教授，浙江省政府少将兼任教官，中央训练团军简二阶教官兼机要秘书，无锡江南大学教授等职。编著有《晚宋民族诗研究》《晚宋民族词研究》《艳辞纪事》《中国学述论著辑要》《抗战文学总裁》《抗战嘉言奏抄》《抗战要旨》《行政法机关管理》《中国外交史及外交政策》《地方自治述要》《六朝文学史》《中国美文述评》《谢灵运评传》《陈灼如文存》等。但上述履历及著述,只见于宗谱,尚需进一步印证。目前只知《晚宋民族诗研究》已出版,《艳辞纪事》手稿尚存。

二〇一二年十一月九日

饮水词笺

在诸多纳兰性德作品研究成果之中,《饮水词笺》是较早出版的一种注本。是书由乐清人李勖编注,一九三七年二月正中书局初版,列为国学丛刊之一。正中书局后又印过多次,有一九四三年九月三版正中纸本、一九四七年十一月沪一版、一九五九年一月台再版、一九六九年十月台三版、一九七三年十月台四版、一九八二年元月台五版等。中国华侨出版社二〇一二年六月还改书名为《纳兰词笺》出版过。这么多版本,初版本印制最精,正文前有叶恭绰、黄孝纾题签页,纳兰二十岁、三十岁画像,纳兰手迹,龙榆生序、夏承焘题辞,李勖自序等。正中书局后面几版只保留了龙榆生序、夏承焘题辞及李勖自序,题签、插图皆删去,且漏印目录一页,纸张亦不如初版,一九四三年九月三版所谓正中纸本实乃土纸本。

◎　饮水词笺

李勖
正中书局
一九三七年二月初版
1/32　15.2×20.9cm

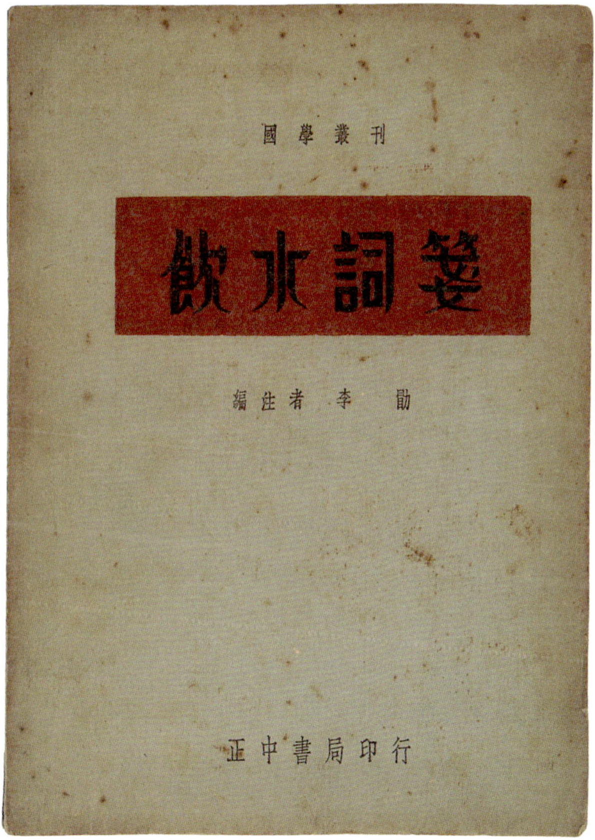

◎ 饮水词笺

李勖
正中书局
一九四七年十一月沪一版
1/32　14.8×20.6cm

《饮水词笺》不仅为纳兰词作了笺注，还收录纳兰墓志铭、神道碑、小传、年谱、词评、遗著考略等资料，"给后来的注释者奠定了一定的基础"。李勖自序云，三易其稿才成此书，初稿毁于一九三一年日寇侵沪之际，二稿写于一九三二年冬，却在三三年春旅途中被窃。"笺此一集，竟费三年，而其间经历之艰危，与区区不敢自懈之旨，或亦为读者所共谅矣。"精神可嘉，令人敬佩。故龙榆生序赞之曰："予愧无以益君，独喜君之久而不懈，所以羽翼斯学而张吾军者，方将日出而未有已也。爰述所见诸家词注，以复于君。至此笺之援引博洽，足以增重艺林，固无待区区之扬扢，而《饮水》一集，得此益彰，'冷暖自知'，是又在乎读者矣。"

关于李勖生平几无记载，幸金才兄访得其后人，才知李勖生于一九〇七年，殁于一九九四年。曾就读于暨南大学，为龙榆生弟子。毕业后，先后担任过暨南大学、暨大附中、东海中学、温属联立中学、瓯海中学、永嘉二中等校教员。一九五八年被打成"右派"，平反后在乐清教师进修学校、县地名办工作，直至退休。编注有《饮水词笺》《花外集词笺》等，所编《字别正编》（署名李志遐）一九四二年四月由瓯海图书社初版。

二〇二〇年一月二十七日

怎样研究木刻

在中国新兴版画运动中，野夫是“火车头”，其代表作《木刻手册》影响深远。

《木刻手册》的初版本名为《怎样研究木刻》，写读丛书别辑之一，一九四〇年一月一日丽水会文图书社出版，定价四角五分。只印了三百册，甚为少见。寒斋所藏购自水心阿勇书店，扉页有“刘武购于中华书局，30年”字样，英文签名外，钤刘武印两枚。刘武乃刘景晨之子，擅长绘画，译有萧伯纳《一个逃兵》。得刘武旧藏，更添一分珍贵。

在《怎样研究木刻》出版之前，类似的著作只金笔野《木刻画刻制过程》、赖少其《创作版画雕刻法》、白危《木刻创作法》等少数几种，且坊间稀见。因此，一九三九年浙江美术工作者协会发起创办战时木刻研究社时，委托野夫编写一本有关木刻史及木刻创作法的教材，应急之用。

《怎样研究木刻》分十节，摘录鲁迅有关木刻的文字题为《鲁迅先生所留给我们的遗言》代序言，其余九节依次为《绪论》《中国新兴木刻艺术发展的概况》《版画概说》《木刻概说》《木刻的用具及材料》《木刻制作的程序》《拓印》《木刻制作的几个基本条件》《木刻创作的准备》。是书有题词："纪念最亲爱的弟弟"，配野夫弟弟郑邵勤的病中照，并附哀悼诗一首。《前言》为陈仲明所撰，末了是野夫的《附记》，介绍编写此书的由来及编写体例。

一九四一年夏，会文图书社拟再版此书，但风云突变，浙东相继沦陷，计划落空。直至一九四三年十月，才由桂林文化供应社更名为《木刻手册》再版。再版本除修正错误、补充有关史料外，框架未变，封面图案亦未变，只移了位置。但由于当时条件限制，印得非常粗糙，流传也很有限。现在大家见到的《木刻手册》，其实多是文化供应社一九四八年八月出版的（一九四九年七月曾再版），换了封面图案，印制也精美多了，一些收藏者当作善本宝之。一九四三年十月版《木刻手

◎　怎样研究木刻

野夫
丽水会文图书社
一九四〇年一月版
1/32　12.7×18.3cm

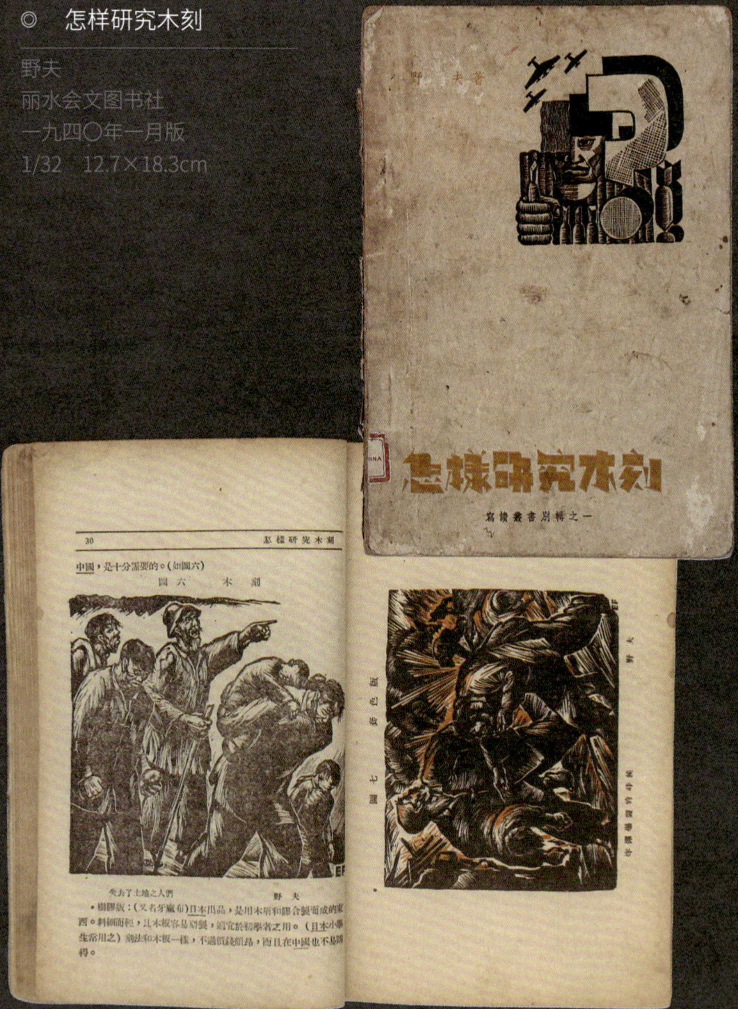

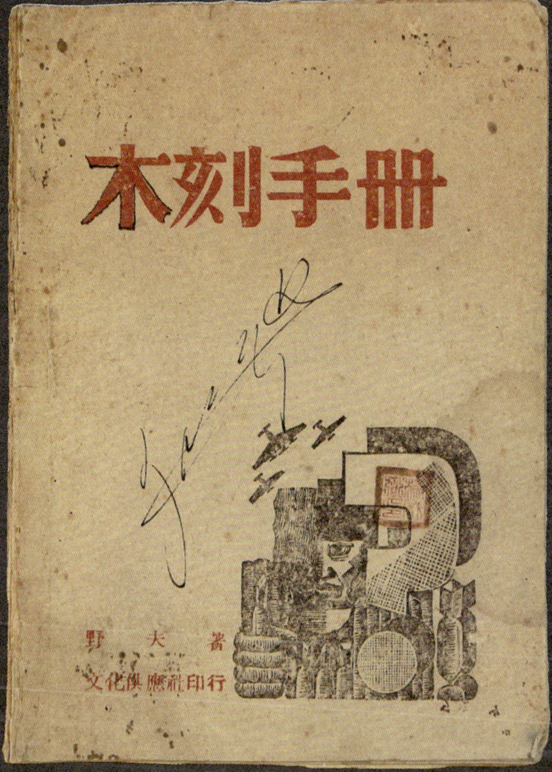

◎　木刻手册

野夫
桂林文化供应社
一九四三年十月版
1/32　12.6×17.5cm

圖 10. 西洋古代複製木刻
"死魂靈百圖"之一
圖 11. 裝飾木刻　窗花　佚名

圖 17. 針刻表現實例
失望的人們
圖 18. 多種刀運用表現實例

◎ 木刻手册

野夫
文化供应社
一九四八年八月初版
1/32 12.8×18.2cm

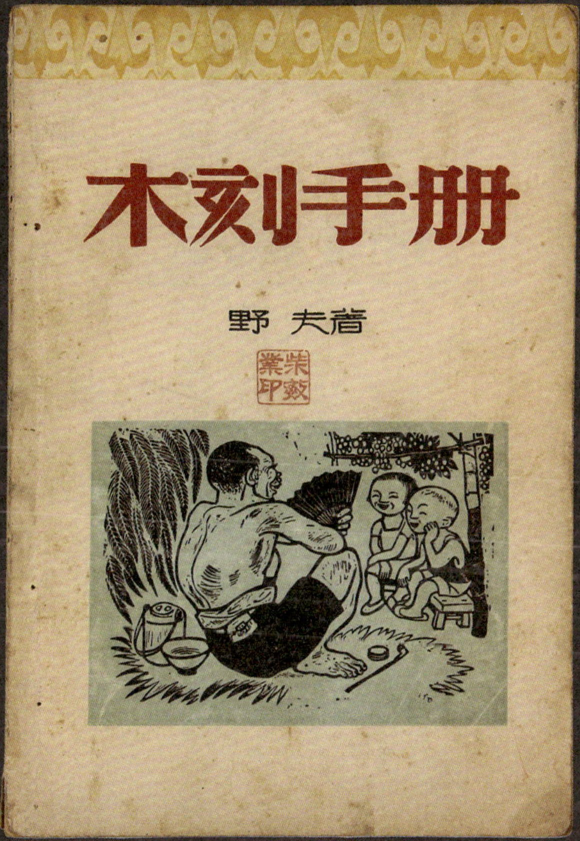

册》有篇《再版增订后记》，一九四八年八月版《木刻手册》有篇《三版增订感言》，大致可以了解此书版权的变迁。但在《三版增订感言》中，野夫说一九三九年版、一九四三年版各印了三千册，而《再版增订后记》称，初版本印了三百本。我宁愿信再版时的说法，这样，《怎样研究木刻》就显得更珍贵了。

二〇一三年一月五日

作文三步

这本书所谓的“作文三步”，并非作文的步骤，而是作文过程中要注意的三个环节，用字、用句、谋篇，当然也可以这么说，只要把这三步走好，一篇好作文就出来了。本书是用了大量的初中学生及高中一年级学生作材料，用实际例子说明问题。全书分“字例正误”“句例正误”“篇例正误”三部分,各找出症状,如“字例正误”中有“形似音同而混误的”“形似音近而混误的”“形似音异而混误的”“音同形异而混误的”“音近形异而混误的”，对症下药，提高学生作文水平。

《作文三步》，陈适著，万叶书店一九四一年七月初版。陈适是乐清七里港人，一九〇八年生，曾就读于浙江省立第十中学、浙江省立第九中学、复旦大学。毕业后，长期工作在教育界，曾在上海私立人文中学、滨海中学、民光中学，乐清县立初级中学、师范学校，

◎　中学生作文正误

陈适
万叶书店
一九三八年八月初版
1/32　12×17.5cm

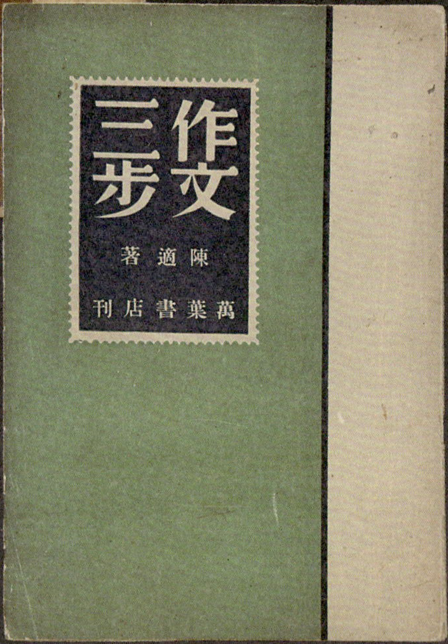

◎　作文三步

陈适
万叶书店
一九四一年七月初版
1/32　12.3×17.2cm

◎ 人间杂记

陈适
商务印书馆
一九三六年九月初版
1/32 13×19cm

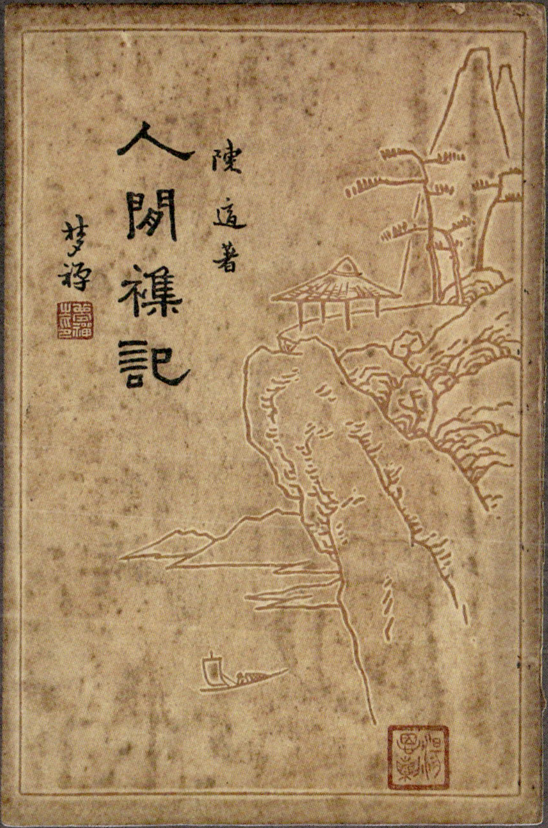

◎ 离骚研究

陈适

商务印书馆

一九四〇年二月初版

1/32 11.7×17.3cm

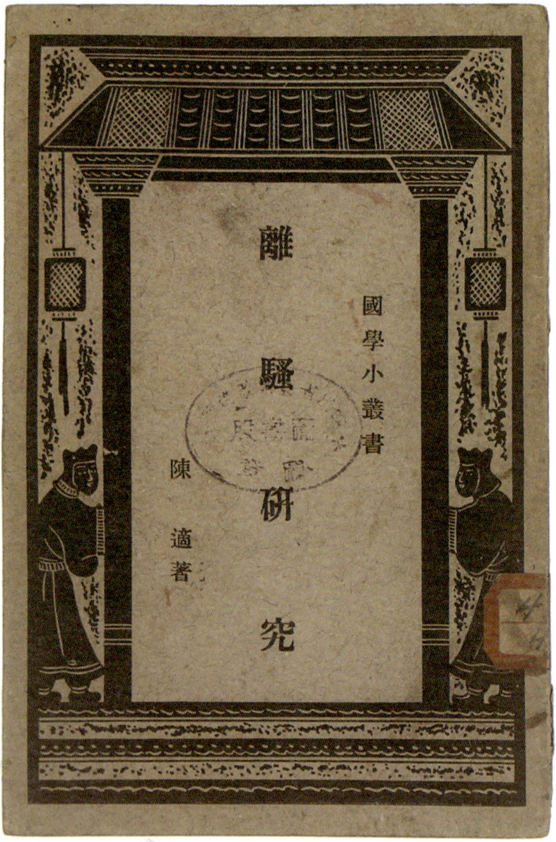

温州中学等多所学校任教，所以有很多现成的例子可以信手拈来，典型并有说服力。陈适还出版有《瓯海儿歌》《人间杂记》《中学生作文正误》《离骚研究》《青年作文读本》等著作，但其中《中学作文正误》《作文三步》《青年作文读本》三本书的内容是一样的，都在万叶书店出版，只不过用了三个书名不同时期出版。最早出版的是《中学生作文正误》，一九三八年版；最晚出版的是《青年作文读本》，一九四六年版。我手头正好还有《中学生作文正误》，翻开对比下，发现“例言”中有一条为《作文三步》所无，即“本书承钱君匋、邱不易、邹梦禅、李楚材诸兄甚多，诸生郁祥鳞、滕志超、王福慧，分任缮写，在此并志谢忱”。钱君匋、李楚材是万叶书店的创办人。邹梦禅是温州瑞安人，善书,《人间杂记》《中学生作文正误》书名都由他题写。邱不易曾任职于国民党浙江省党部，当过《浙江商报》社长。郁、滕、王应是陈适在上海任教时的学生。

陈适一生在文艺之路上孜孜不倦，其文学作品结集有《人间杂记》，商务印书馆一九三六年九月初版。此书收录三十四篇散文,用他自己的话说是“杂写山水、思想、人物、情俗、生活、疾苦诸相，杂调酸苦咸甜辣诸味；这些意境，若要问个底细，只如佛典所说‘如鱼饮水，冷暖自知’而已”。林语堂、赵景深、朱应鹏为之作序，赞有读书知趣之“风韵”，“富有诗意”云云。《人间杂记》是陈适的心血之作，最为器重，可惜今天流传不广。反而一本总结教学经验的“作文书”再三出版，这也许是他始料不及的吧。真应了当下的一句流行语：“理想很丰满，现实很骨感。”这使我想起一位海宁作家史美钧，其文学作品集都只印了一版，而谈写作经验的书，换了三个书名出版了三次。难怪今天很多作家都不用心写作，而热衷办作文班了。

二〇二〇年二月七日

中国文艺史略

朱维之的《中国文艺思潮史略》是我国较早运用西方文学理论范式研究中国文学的一部著作。作者尚在金陵神学院求学时，就“羡慕西洋文艺思潮的眉目清楚，有条有理，使读者容易把握历代文艺的精神”，所以“很想编写一部中国文艺思潮史，使我们头绪纷繁、枯燥无味的文学史，也能成为眉目清楚，又简要又不枯燥的东西”。

一九三九年六月，《中国文艺思潮史略》由合作出版社刊行、上海长风书店发行，八月即再版。书店和作者方面很想接着印第三版，但因为抗日战争的原因，此事一再拖延下来。待战争结束，收回版权，才由周予同介绍到开明书店重版。《中国文艺思潮史略》在开明书店印了三版，一九四六年十二月第一版，一九四八年五月再版，一九四九年三月三版。这其间还出现了一版盗印本。

所谓盗印本即《中国文艺史略》，大连关东出版社昭和十六年十一月版。书名少了“思潮”两字，但内容却和《中国文艺思潮史略》无异。封面署朱维之著，列“读书丛刊”。昭和十六年为一九四一年，可能是钻了长风书店版与开明书店版之间的空当。尚不知关东出版社的底细，只查到他们还曾盗印过老舍《骆驼祥子》、茅盾《子夜》等著作。

有关朱维之的研究资料里，大多没有收录关东出版社版《中国文艺史略》的资料。朱维之在《自传》里也没有提到，可能连他自己都没有见过这个版本。

开明书店之后，《中国文艺思潮史略》未再版过。一九七八年九月，香港港青出版社在未得朱维之授权的情况下，偷偷印行了一版。这事朱维之后来知道了，一九八六年委托他的学生崔宝衡到香港访学之便前往交涉，港青出版社表面答应赠送样书并支付稿酬，实际上却未履行承诺。

其实，早在港青出版社盗印之前，澳门合作出版社已盗印了一版。我所得为一九六六年七月再版，说

◎ 中国文艺史略

朱维之
关东出版社
一九四一年十一月版
1/32 12.7×18.2cm

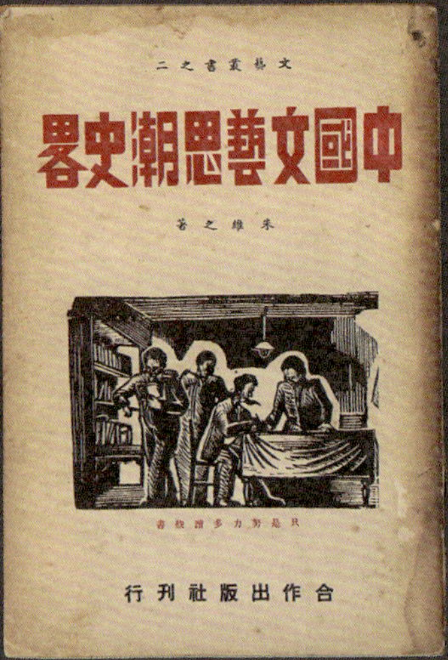

◎　中国文艺思潮史略

朱维之
合作出版社
一九三九年六月初版
1/32　13×18.5cm

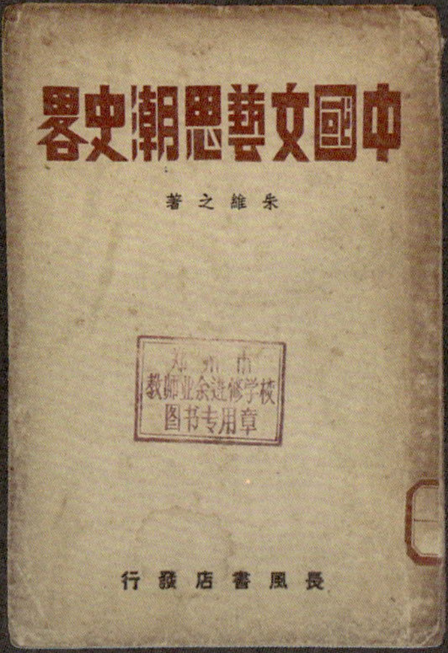

◎　中国文艺思潮史略

朱维之
合作出版社
一九三九年八月再版
1/32　13×18.6cm

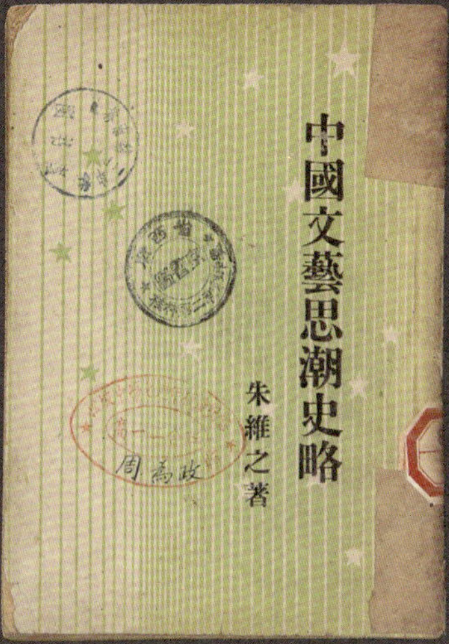

◎　中国文艺思潮史略

朱维之
开明书店
一九四六年十二月初版
1/32　12.3×17.2cm

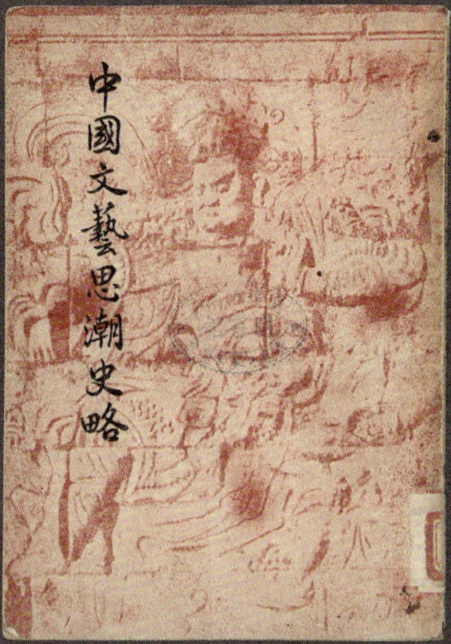

◎　中国文艺思潮史略

朱维之
开明书店
一九四九年三月三版
1/32　12.8×18cm

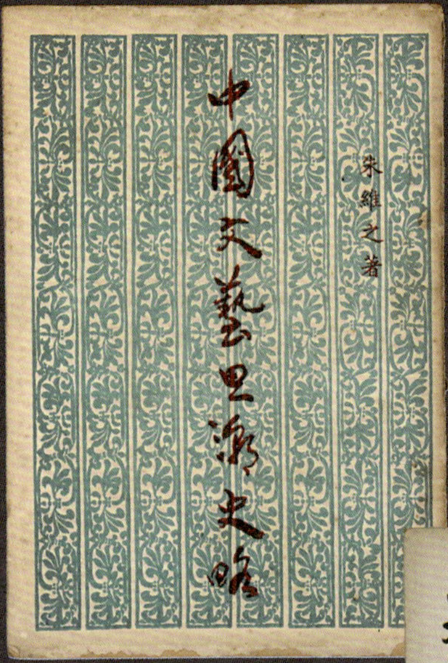

◎　中国文艺思潮史略

朱维之
澳门合作出版社
一九六六年七月再版
1/32　13.3×19cm

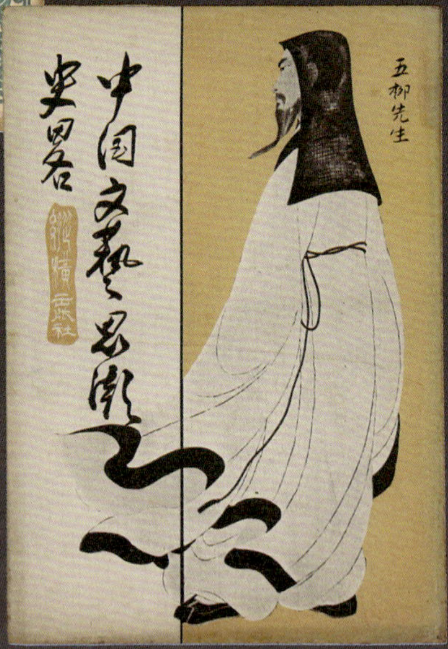

◎　中国文艺思潮史略

朱维之
香港纵横出版社
一九七九年八月版
1/32　13.5×19cm

◎　中国文艺思潮史略

朱维之
未标出版机构和出版时间
1/32　13×18.8cm

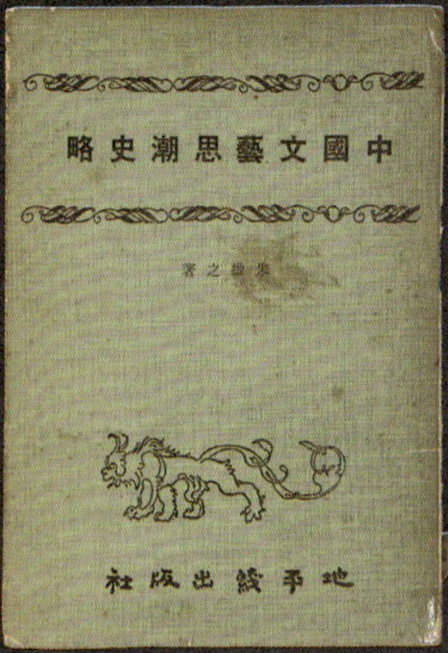

◎　中国文艺思潮史略

朱维之
台北地平线出版社
一九七四年十月台一版
1/32　14.8×20.8cm

◎　中国文艺思潮史略

朱维之
香港港青出版社
一九七八年九月版
1/32　13×18.5cm

明此前有盗印第一版。当然这个第一版有可能是指一九三九年六月版，盗印者用最初刊行《中国文艺思潮史略》的合作出版社来混淆视听。据版权页，盗印该书的合作出版社位于澳门草堆横街七号，总发行为位于香港九龙奶路臣街六号C贰楼的远东图书公司。

在港青出版社之后，还有一种盗印本是以纵横出版社名义出版，一九七九年八月印行。此出版社位于旺角亚皆老街十七号四楼。是书封面、版权页均未署上朱维之的名字。

而台湾那边，地平线出版社在一九七四年十月盗印了《中国文艺思潮史略》。

这三种盗印本，朱维之恐怕也不知道。

崔宝衡回忆文章提到，朱维之对于港青出版社的盗版表现得很大度，表示“再写一本新的，让他们去盗印好了”。这本新的书，即是增订版《中国文艺思潮史略》，书名改为《中国文艺思潮史稿》，南开大学一九八八年四月第一版。此书《小序》称：“经过重写的这本‘史稿’，框架大体不变，只添了一章‘文体大革命’和五四到新中国成立之间的一段思潮史。”但字数增加了三倍多。

罗列上述《中国文艺思潮史略》的版权变迁和几种盗印本，某种程度说明了《中国文艺思潮史略》受欢迎的情况。难怪赵景深读到该书后，给予较高的评价："我自己知道，我的前两本文学史的缺点在于偏重各个作家的作品，忽略了各时代文学的趋势和各种文体发达的原因。但我的'纲要'即第三本文学史却改变了这种倾向，采用了很多张世禄《中国文艺变迁论》中的话。最近朱维之的《中国文艺思潮史略》出版，我觉得这是一本比张著更好的书，他拿西洋的古典、浪漫、写实、象征等主义名词附会上去，并不显得牵强。文笔也轻松活泼，简直像一本创作。但我们反过来说，也不能只注重时代环境，而忘记了个人；或者说，我们也不能只记得法国泰纳，而忘记了法朗士。将张、朱之作做极好的参考书是对的；如以为这就是文学史的全貌，那就偏而不全，只能看到一面了。大凡偏的著作都各有其特色，每每是最好的研究必备书。"

二〇一三年十一月八日

红与黑

《红与黑》是法国作家司汤达的代表作，赵瑞蕻、罗玉君、黎烈文、郝运、闻家驷、郭宏安、许渊冲、罗新璋诸家曾先后译为中文。一九四四年十月，作家书屋在重庆出版了赵瑞蕻（署名赵瑞霟）译《红与黑》，列为法国文学名著第六种，这是《红与黑》首个中文译本。一九四七年四月，作家书屋又在上海刊行赵译《红与黑》，系世界古典文学名著第四种。但这两个译本均非全本，渝版只有十五章，沪版增为三十三章。寒斋所藏赵译《红与黑》为作家书屋一九四七年四月沪一版。

赵瑞蕻《译者序》中谈及他翻译《红与黑》的历程。“我第一次晓得斯丹达尔和这部小说的名字是在我的故乡——温州，一个妩媚而柔情的山水之都。那时候，我有一个相知的老师，他很喜欢这小说，时常跟我谈论。他想送我一本，曾向上海霞飞路一家‘红鸟书店’函购过，可是我记得一直没有寄到，也不知道什么缘故。那老师人很幽默，长得很胖，爱讲故事，喜欢念米尔顿（Milton）和元曲，他最喜欢去的地方是江边。晴和的礼拜日下午，我们常带了点吃的到江边散步，有时节，坐舢板渡江，上孤屿和江心寺玩。玩累了，便在沙滩坐着憩息，欣赏瓯江上的晚照，和烟霞中的归舟，……有时节我们边玩边谈，一谈话，不知不觉扯到《红与黑》的故事上头了。他老是这么说：'嘿，一个年纪轻轻的人，叫做钰连，很漂亮很漂亮，可是心里很厉害，——心里厉害，谁晓得哪？——他是维鲤叶地方一个木匠的孩子……嗳，"红"指的是什么？"黑"的呢？……'"

赵瑞蕻对这位老师一直心存感激，晚年撰写回忆文章，说起这位只教了他一年就离开温州中学的英文老师名叫夏翼天。"从翼天先生那里，我最初知道了斯丹达尔、巴尔扎克、弗洛贝尔、普鲁斯特等法国作家，特别是他跟我谈了《红与黑》这本名著，使我发生极大的兴趣，萌发了后来把它译成中文的念头。"

夏翼天何许人也？对他的生平事迹，我们知之甚少。抗战期间，赵瑞蕻曾与他在重庆欢聚过一两次，

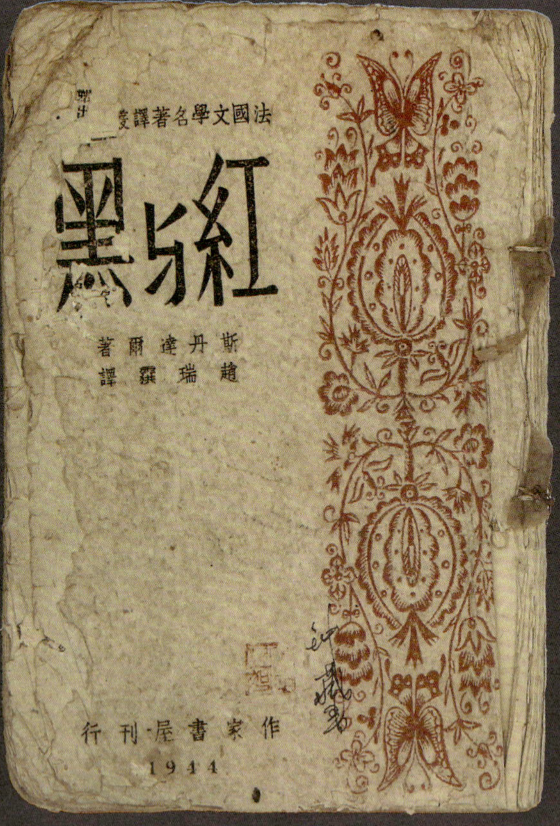
法國文學名著譯叢
紅与黑
斯丹達爾著
趙瑞蕻譯
作家書屋刊行
1944

◎ 红与黑

赵瑞蕻 译
作家书屋
一九四七年四月沪一版
1/32　13.6×18.3cm

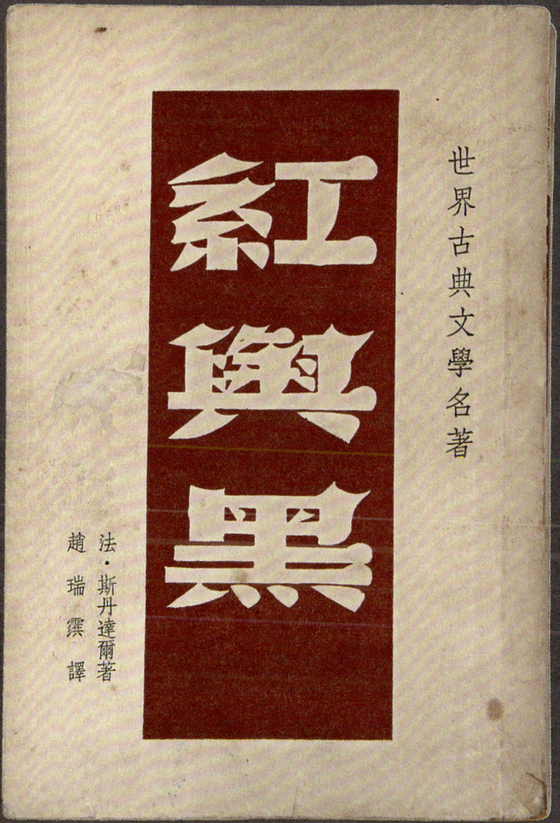

此后音信杳无。所幸武汉大学博士宗亮有心，钩沉爬梳，所撰《瓯江晚照说夏鼐》，使我们对夏翼天就读清华、执教温中、终老台岛等各时期的生活以及他的留学梦想和翻译成就有了基本的了解（此文发表在《瓯风》第七集，这里不赘述，有兴趣的读者可找来一读）。

而我知道夏翼天是由于伍叔傥的一首《杂诗　与翼天谈后作》："沈舟没水时，自知在必死。眼前见细枝，无益亦用喜。伸手往握之，始信不足恃。宛转随波涛，望绝甘为鬼。有生咸惜命，顾身或丧耻。谁肯冒险艰，一瞑因不视。大贤自特立，知方以明理。为能别是非，宁复计全毁？将以树风声，岂效狂驰子？我欲往周寻，愿为执鞭士。"当时我正编《伍叔傥集》，作注解推测翼天可能是夏翼天。前不久，宗亮博士从台湾复制得广文书局一九六一年版夏译《朱立奥恺撒　卡里欧黎纳士》一书，其《译者介绍》录有一首伍叔傥赠诗："夜雨病寂寥，翼天翩然至。谭谐综古今，论诗尤有味。十年结款交，既老心无二。在古犹难能，何况语斯世。愿自兹以往，相保不相弃。乱定归结邻，卜居胜绝地。庶于花月辰，过往以适意。岂同斗筲人，争此锥刀利。

我志乐清闲，仍愧非玮器。无异断尾狗，随鹿而同逝。他时修史书，合传又所冀。”这不仅可以看出伍夏两人的交往以及夏的为人，而且证实了我的猜想。

从赵瑞蕻拉扯到夏翼天，是有感于夏翼天在赵瑞蕻成长之路上所起的引导作用。这对于今天的教育现状，不无启示意义。

赵瑞蕻还译有司汤达的《蕃妮娜·蕃妮妮》《嘉思德乐女修道院主传》，合为《热爱与毁灭》于一九四六年七月由正风出版社出版。赵瑞蕻晚年曾重译《红与黑》，惜未完稿。其女赵蘅回忆：“在父亲逝世后我整理遗物时，见到了这一摞已完成的《红与黑》前十章的译文。牛皮纸封套上他用红笔写下的‘死不瞑目’四个大字赫然在目，那字字句句里，倾注了我的老父亲的多少心血啊！”

二〇一七年四月二十七日

延安一月

一九四四年五月，赵超构作为《新民报》代表，随中外记者团从重庆出发，访问延安。记者团在陕甘宁边区逗留了四十三天，其中在延安活动有一月之久。一路上，赵超构奋笔疾书，陆续发回报道，引起广泛关注，一举成名。他的通讯稿在重庆、成都两地《新民报》连载三个多月后，随即结集成《延安一月》出版发行，数次加印再版，一时洛阳纸贵，并经久不衰，至今还在重印。

《延安一月》初版于一九四四年十一月，分“西京—延安间”“延安一月”两部分，共四十七篇报道，《新民报》创始人陈铭德、著名作家张恨水作序，并有古元、彦涵等创作的十二幅版画作为插图。一九四五年一月再版，封面设计不同于初版本，本来书名在左图在右，改书名在右图在左，“南京新民报股份有限公司出版”一行字亦删去。一九四五年二月三版，封面恢复成初版本时的设计。但版权页标注的再版时为一九四四年十二月，不知是否有此再版本，我未见过，有可能标记有误。如有此再版本，那一九四五年一月再版本，是否盗版呢？这三个版本印刷均劣，用的是土纸。一九四六年一月，《延安一月》在上海再版，即沪一版，封面设计也不同上述三版，书名横在上方，图在右，注明为新民报文艺丛书之六。一九四六年二月，沪版再版。不到两年时间，此书至少印了五次。

上世纪九十年代后，《延安一月》还出版过两个单行本。一是列入上海书店“文史探索书系”一九九二年十一月重版；二是列入中国国际广播出版社“书海钩沉·延安纪实”丛书于二〇一三年一月出版。并收入长江文艺出版社《中国报告文学丛书》、上海书店《民国丛书》第五编等大型文献丛书。

“赵超构之《延安一月》，曾行销一时，近接美国大批函件，要求订购，并拟将其译为英文，在美出版。”这是《立报》一九四六年七月三十日刊登的一则短讯，可见赵著受欢迎程度。但所提英文版，估计后来并没

◎　延安一月

赵超构
新民报社
一九四六年二月沪再版
1/32　13×18.5cm

◎　延安一月

赵超构
中国文化社
一九四六年十二月日文版
1/32　12.8×18.2cm

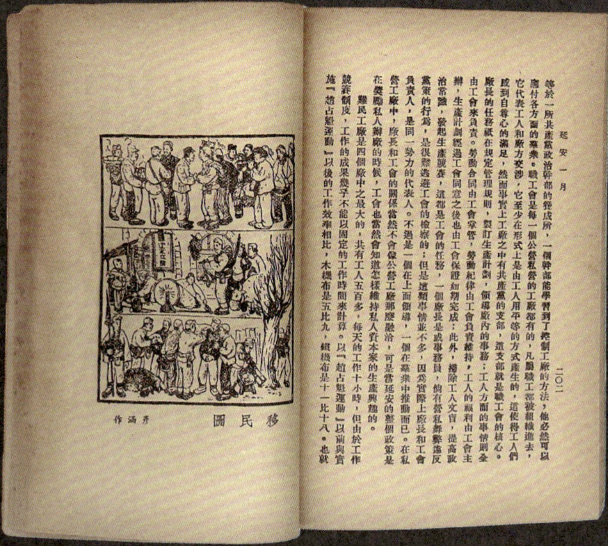

等於一所共產黨政治幹部的養成所，一個幹部能學習到了控制工廠的方法，他必然可以應付各方面的羣衆。職工會是每一個公營私營的工廠都有的，凡屬職工都被組織進去，它代表工人和廠方交涉，它至少在形式上是由工人用平等的方式產生的，這使得工人們感到自尊心的滿足，然而事實上工廠之中有共產黨的支部，這支部就是職工會的核心。廠長的任務祇在規定管理規則，製訂生產計劃，領導廠內的事務；工人方面的事情則全由工會來負責。勞動合同由工會掌管，勞動紀律由工會負責維持，工人的福利由工會主辦，生產計劃經過工會同意之後也由工會保證如期完成；此外，掃除工人文盲，提高政治常識，發起生產競賽，這都是工會的任務，一個廠長是政事務員，倘有營私舞弊違反黨策的行爲，是很難逃避工會的檢察的；但是這類事情並不多，因爲實際上廠長和工會負責人，是同一勢力的代表人。不過是一個在上面領導，一個在羣衆中推動而已。在私營工廠中，廠長和工會的關係當然不會像公營工廠那麼融洽，可是當延安的整個政策是在獎勵私人辦廠的時候，工會也當然會知道怎樣維持私人資本家的生產興趣的。

難民工廠是四個廠中之最大的，共有工人五百多，每天的工作十小時，但由於工作競賽制度，工作的成果幾乎不能以固定的工作時間來計算。以「趙占魁運動」以前與實施「趙占魁運動」以後的工作效率相比，木機布是五比九，鐵機布是十一比十八。也就

移民圖　齐涵作

間以秧歌，倘說延安也有飄忽輕盈的良宵，那就應該是今晚了。然而一想起曾是草鞋跳交際舞的情景；又不禁使我們感到了不變的延安氣。

小先生　齐涵作

有印成，倒是日文版于一九四六年十二月迅速由中国文化社发行了。

关于中国文化社，几无资料介绍。只是从版权页获悉，该社设在日本京都，发行者陈典昭。版权页还注明此书为非卖品，大日本印刷株式会社京都工场印刷。日文版多了篇序文，类似出版说明，称滞留在东京的上海新闻报驻日特派员谢爽秋与赵超构熟悉，从中牵线搭桥获得版权，并请京都高田久彦、大原信一、藤井久男、林炳耀等几位中国文学研究家分头译成。谢氏江西人，中共党员，受派任职于《扫荡报》，曾与赵超构同访延安。译者之一的林炳耀，还是此书的装帧设计者。他用了古元的《扭秧歌》作为封面主体,非常有“民艺”之风。在《延安一月》诸多版本中，唯此版封面设计最讲究，也是我最喜欢的。

二〇二〇年二月八日

钵水文约

二〇〇八年七月，我在网上一家东北书店看到新上了一本苏渊雷的《钵水文约》，书中有多处原藏者批改删涂之迹，因苏渊雷先生曾于上世纪五六十年代在黑龙江生活，店主疑是作者亲笔，故而定了比普通书略高的售价。《钵水文约》是苏渊雷先生的自编文集，收录文章二十六篇，分三卷，写作时间最早的一篇是一九二六年的《雁荡山游记》，最晚的一篇是一九四七年的《家母六十寿启》，由自办的出版社钵水斋于民国三十六年八月初版。是书较少见,而我又只藏有苏著《宋平子评传》及其编辑的《学思文粹》，便毫不迟疑买了下来。

收到书一看，发现原藏者批改删涂有二百三十来处，均为毛笔所写，或改写，或注明整段删除，或勘误，或修改标点，或调整词序，涉及《文化综合论》《论哲

◎ 钵水文约

苏渊雷
钵水斋
一九四七年八月初版
1/32　12.4×17.9cm

◎　民族文化论纲

苏渊雷
黄中出版社
一九四四年十月订正一版
1/32　13.2×19cm

◎　名理新论

苏渊雷
黄中出版社
一九四四年十月订正一版
1/32　13×18.8cm

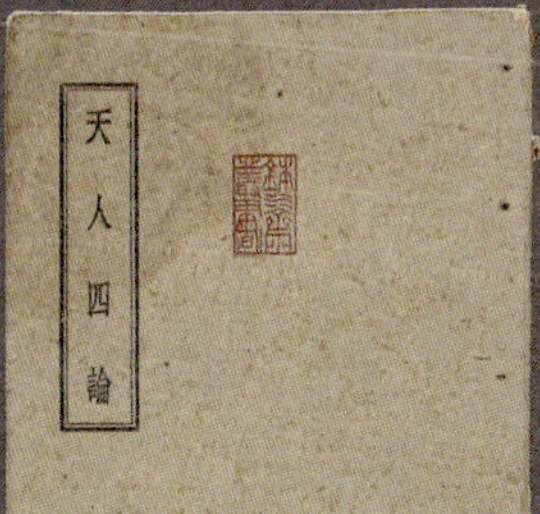

◎　天人四论

苏渊雷
黄中出版社
一九四四年十月订正一版
1/32　13.1×18.8cm

◎　宋平子评传

苏渊雷
正中书局
一九四七年十二月沪一版
1/32　12.7×18cm

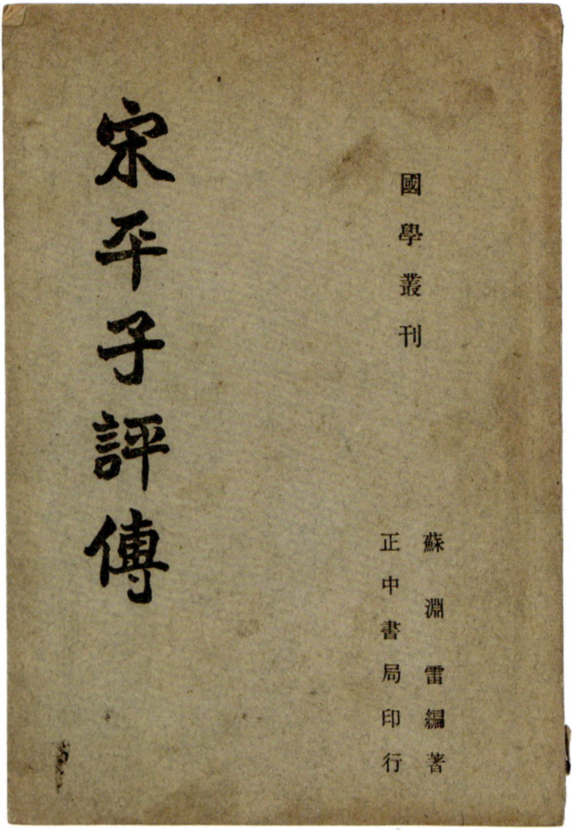

学之战斗性与实践性》《与张季同书》《诗与唯物论之合抱》《广圣哲画象记》《宋平子先生之生平与思想》《论我国学术发展之新途径》《听鹃集序》等七篇文章。其中修订最多的是首篇《文化综合论》，有一百六十多处；其次为《宋平子先生之生平与思想》，有二十多处；《论哲学之战斗性与实践性》《诗与唯物论之合抱》《听鹃集序》，有十多处；余三篇只一处。

所改基本上是为了与新中国建立后的提法相适，如《文化综合论》一文几处，“在历史上采得好花酿成好蜜的，颇不乏先例。个人的代表，近代，孙中山先生足当其选”改为“个人的代表，马克思足当其选”，“胡适失却有机的综合的精神”改为“胡适已开始从革命阵营后退，失却有机的综合和革新精神”。

又如《论哲学之战斗性与实践性》一文中，“唯实”一词全部改为“唯物”。

再如《听鹃集序》，“设砚北碚”改“移砚北碚”，“客里春残，仲言思苦”改“酒市春残，相如踪渺”，“未压归篷”改为“未压归装”，“剑北云峦”改为“渭北云峦”，“束装西上”改“策楚西上”，“每惹幽情”改为“长惹幽思”,“吊古今之战垒”改为“吊嬴刘之故垒”。

如此种种，确非一般读者能为。难道这真是苏渊雷先生的亲笔修订?

二〇〇八年十一月十八日，我受邀参加苏渊雷学术研讨会。心想或许参加会议的专家能帮我解开这个疑团，便带着这本书去了。

会上与我相邻而坐的是华东师范大学出版社的季聪。他毕业于华东师范大学历史系，是苏渊雷先生晚年弟子。他拿着这本《钵水文约》，仔细端详了一番，兴奋地说:“这是老师的字，老师写的小字就是这样的。”还让与会的苏渊雷先生的女儿、孙子过来看。

《钵水文约》扉页印有一首作者书写的自题诗:“秦灰拨后意难断，血泪成书亦可珍。独愧定文侯雪苑，寒灯一夕付刊人。”落款:“丁亥仲夏，钵水自勉。”并钤有一枚苏渊雷篆字阴文方印。季聪说，这枚印原无，非印刷，为后钤。“此印是方介堪先生所治，我见时已缺一角。”原来如此。这书我翻阅多次却一直未留意此印为后钤。这应是一个重要的佐证。

我当即拿出会议赠送的《苏渊雷全集》核对，果然这本《钵水文约》所修改的与现出版印行的全集大多吻合。当然也有几处，作者后来再做了修改。如《听鹃集序》中，“束装西上”全集印为“脂车西上”，“每惹幽情”全集印为“长系幽思”。如《诗与唯物论之合抱》中,“他们有血有力,工作是永远的喜悦。”原已改为“他们乐观向上，工作是永远的喜悦。”全集恢复为“有血有力”。

一九五八年四月，年过半百的苏渊雷未能躲过那场运动，被错划为右派。八月，奉命调往哈尔滨师范学院历史系。离沪前夕，苏渊雷作诗酬答诗友:“一春苦雨积苔阶，剩有骚心起病骸。萍聚十年轻远别，天高双鸟忽相乖。奇情早许玉川子，浩气同倾雪浪斋。不尽斯文风雨感，凭君秀句发清佳。”诗句浪漫。但苏渊雷未能预料此后政治形势急转直下。直至一九七一年，苏渊雷才被允从插队点退休回原籍平阳。一九七九年，复职华东师范大学。这本《钵水文约》应是在那段非常岁月所修订、所散佚。

苏渊雷先生是个乐天派，生平吃烟嗜酒，有“李白斗酒诗百篇”之遗风，常说:“三杯通大道。”尽管流落北地十多年，倍受煎熬，依然坚持创作，修订旧稿。上世纪五六十年代所撰“吾生已惯波三折，放眼乾坤日月长”“收拾名心归浩渺，他时一笑挹灵芸”等句颇可见其性情。

二〇〇八年是苏渊雷先生百年诞辰，故我请季聪为这本《钵水文约》题跋留念。他很动情：“天南地北，百岁之时获归故里，大缘也。”苏渊雷先生仲子苏春生教授亦记：“实属难得。”

而我手捧这本《钵水文约》修订本，除了赞叹大家之所以为大家的严谨勤奋之处，又不禁感慨中国一代知识分子在历史潮流面前为人为文之难。苏渊雷先生固然是热爱革命、追求真理的，但这种修订何尝没有迫于形势之嫌呢。

二〇〇九年八月三十一日

生命的画册

金江先生以寓言著称于文坛，但他文学之路起步在诗歌。《生命的画册》是他唯一新诗作品集，出版于一九四七年十月。

那时候金江先生二十多岁，意气风发，满怀理想，而现实是那么残酷。他在《生命的画册》序言中写道："春天是这样遥远啊！我不甘于这漫长的冬夜的寂寞，我不甘于这众多人所成的沙漠的荒凉，于是我以我哑涩的喉咙来歌唱。生命写给我们那么一幅美丽的远景，而我们所看见的现实是这样一幅丑恶的图画，呈现在我们眼前的是十万人的不幸与痛苦，以及无数的善良的灵魂无辜地受难，被残害，被压迫；是这样一个血淋淋的人生，我们走着的是如何崎岖的一条路啊！于是我感到心的沉重，我的痛苦时时在心中堆积起来，使我忘记了自己，以爆裂的愤怒的情绪来控诉，为无数

◎ 生命的画册

金江
文风出版社
一九四七年十月版
1/32　13×18.1cm

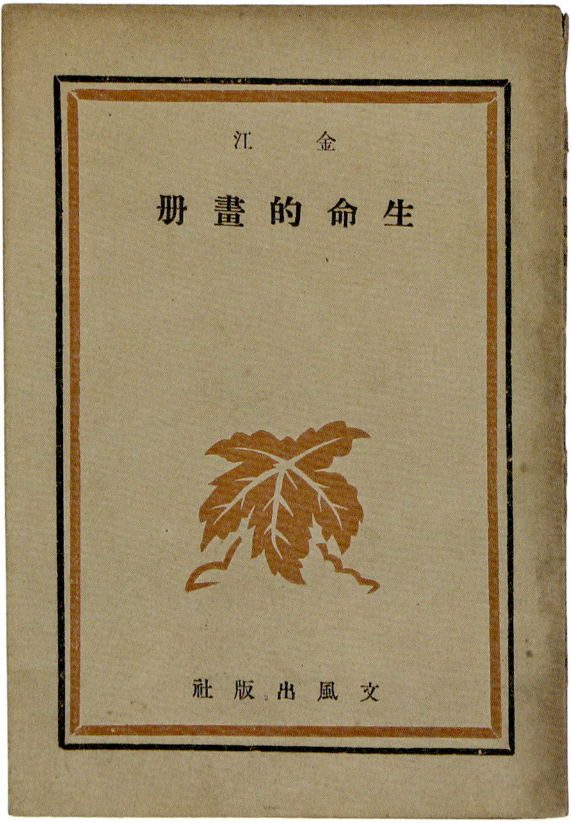

的被侮辱与被损害的人们来控诉！……”因此，诗集的扉页题有：“献给为真理战斗，受难，牺牲的人们。”

“在这令人窒息的低气压之下，我们的呼吸是多么困难啊！我们不安于生活，不满于现实，而四方的力量又多么微弱，除了这支为不平的世界而控诉的笔以外，我们又有着什么呢？”《生命的画册》收录了作者创作于一九四五年和一九四六年间的新诗，有《生命的笔》《风尘的影子》《记忆的影子》《痛苦在孕育着爱》《清晨》《江边》《夜行》《我经过的江南原野》《天堂？地狱？人间》等十首。字里行间是长夜里歌者的呐喊，正如《生命的笔》所写：“我以生命给我的一支笔，/在心灵上耕下这许多痕迹。/不要说那血与泪吧，/生活就是一个够悲惨的故事。/……你可曾听到长夜哭泣的声音？/你可又听到被痛苦压榨出来的呻吟？/假使你还有一颗人类天真的良心，/你还不愿把自己的笑声盖在别人的哭声上面，/那么，你就应该珍重你生命的笔，/为不幸的人群多诉出一些不平！”

出版《生命的画册》的是文风出版社，版权页上没有标明出版社地址等信息，连定价后面的数字也是空着的。这家出版社应是作者自己凭空想出的，或者可以说是自办的出版社。

我与金江先生并无多来往，但因报社工作关系有过接触，曾参观过他的书房。《生命的画册》得自温州朱善乐经营的书店，上面有金江先生签名，估计是朱善乐在弄温州人著作专柜的时候请金江先生签的，同时签了一些寓言作品，现在网上在售。我还有幸从网上一家廊坊的旧书店里买到一本金江先生的藏书，为民族正气出版社一九四三年版娄子伦译鹤见佑辅《英雄史诗》，扉页有毛笔书“金洛华，三五、五、二二购于永嘉”字样，并盖章，封面背后贴有“振汉藏书”一纸，编号 243，告示曰：“凡借我书之诸君，请对书加以爱护、勿折、勿涂、勿使破损，并保护书之清洁；读后，请早日交还，此为本人恳切请求于诸君者，敬希注意！金振汉谨启。”金江先生原名振汉，又名洛华。当时还有一本罗迪先译厨川白村《近代文学十讲》上下册，学术研究会总会一九三五年版，目录页有钢笔书“金江，一九四〇、四、四在温州”字样，封面背后同样贴有“振汉藏书”，编号 348，为 hxx 竞拍走。

不知这两本书怎么会流落到北方，本想问问金江先生，但听说他卧病在床，便打消了这个念头。今年二月底，看到报上金江先生去世的消息，再无机缘向他请教了，还好有《生命的画册》《英雄史诗》两本书存念。

二〇一四年八月二十日

唐宋词录最

夏承焘在二十世纪三四十年代撰写发表了诸多诗词和论文，但在一九四九年前都没有结集成书出版。民国期间，署名夏承焘的单行本，可能只有这本《唐宋词录最》了。尽管这是夏承焘编的一本唐宋词选，而且还有一位作注释的合作者蓝江，但也算是他最早出版的作品了。

《唐宋词录最》由华夏图书出版公司于一九四八年五月印行，列为“现代文库”第一辑。该文库有两个特点：一是涵盖内容甚广，百科全书式；二是不求深度，普及知识为主。其《凡例》云“本文库之性质为中华百科全书之始基，将世界学术最新之知识，析为数千题目，分请大学教授及各科专家执笔，内容注重精约，力求引人入胜，期于读者极有稗益”。每月一辑十册，每册字数要求只万言。所以《唐宋词录最》内容不过

◎　唐宋词录最

夏承焘 录
华夏图书出版公司
一九四八年五月初版
1/32　13×18.3cm

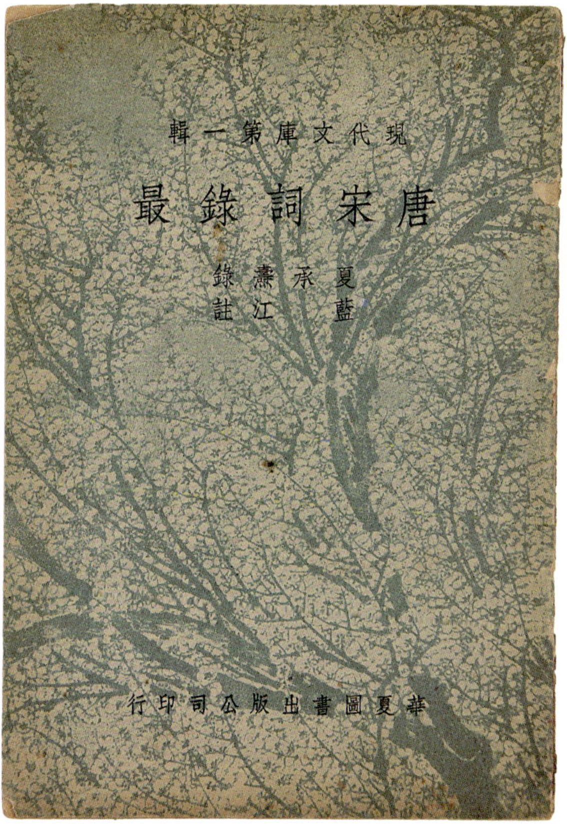

三十二页，选了唐宋二十六家八十四首词，分别是温庭筠四首、韦庄二首、牛希济一首、顾敻一首、孙光宪一首、李煜四首、冯延巳一首、晏殊二首、范仲淹三首、张先一首、欧阳修五首、柳永二首、苏轼九首、晏几道七首、秦观一首、贺铸二首、周邦彦四首、李清照二首、辛弃疾八首、陆游二首、姜夔八首、史达祖二首、刘克庄一首、吴文英五首、王沂孙三首、张炎三首，其中苏轼最多，辛弃疾、姜夔次之。夏承焘撰有《前记》，说唐宋词约略可分为应歌、抒情、体物、造理数类，“兹编所录，各体略备”，“初学取资，倘不遗此”。

《唐宋词录最》未见再版，其《前记》后收在《夏承焘集》第八册，正文未录。本想从夏承焘日记中找找有关这本书出版的记录，可惜他一九四八年元旦至九月十三日的日记已佚。蓝江的生平也没有找到材料。

这本书的编辑为张其昀，是读者熟悉的著名学人，而华夏图书出版公司却鲜为人知，顺便介绍下。该公司董事长王震欧是沪上实业家，办有宏丰企业公司，二十世纪四十年代中期与徐公肃、曾世英合作办了这家出版公司，胡适等人均有参股，从美国引进当时先进的印刷设备，想大干一番。无奈时局动荡，徐、曾又是书生本色，虽出版了这套“现代文库”，又印过一些文件汇编，终究难以维持。听说经营不善，胡适还写信给徐公肃等人，要求退回五百美元股金，闹了些不愉快。华夏的资产后来捐献给了国家，合并于北京新华印刷厂，王震欧、徐公肃、曾世英也都到了北京。关于华夏公司，可以综合季洪、谷林、苏华、李春芬等人回忆王、徐、曾的文章来看，令人感慨，这里就不展开了，可另写一文。谷林的《杂记徐公肃》提到，“我得到过一套他们出版的薄本文史小丛书，一辑似为十册，由张其昀主编。其中有夏承焘选注的一册唐宋词，还记得徐公肃曾说外间对此种颇有好评”，指的就是这套“现代文库”和这本《唐宋词录最》。

二〇一九年六月二十六日

卖艺人家

黄宗江与黄裳是一生的朋友。黄宗江下海从艺时，这位还叫容鼎昌的同学赠艺名“黄裳”，黄宗江“以其过于辉煌，未敢加身于登台之际”，想不到后来容鼎昌自己拿去当笔名了。现在很多人只知有黄裳，却不知有容鼎昌了。黄宗江曾戏言，黄裳是“黄宗英的衣裳”之意。又说，钱锺书曾赠对联“遍求善本痴婆子；难得佳人甜姐儿”，黄裳也没有反对。想必黄裳仰慕过朋友的妹妹了。

黄宗江的第一部散文集《卖艺人家》和黄裳也颇有渊源。

上世纪四十年代初，上海沦陷，在沪上声名日振的黄宗江独闯川蜀，从头开始，凭《戏剧春秋》在重庆立足。夏衍曾回忆：当时重庆名角如林，特别是黄宗江，一台扮演了三个角色。但黄宗江认为，“做演员是

◎　卖艺人家

黄宗江
森林出版社
一九四八年十二月初版
1/32　12.8×18.2cm

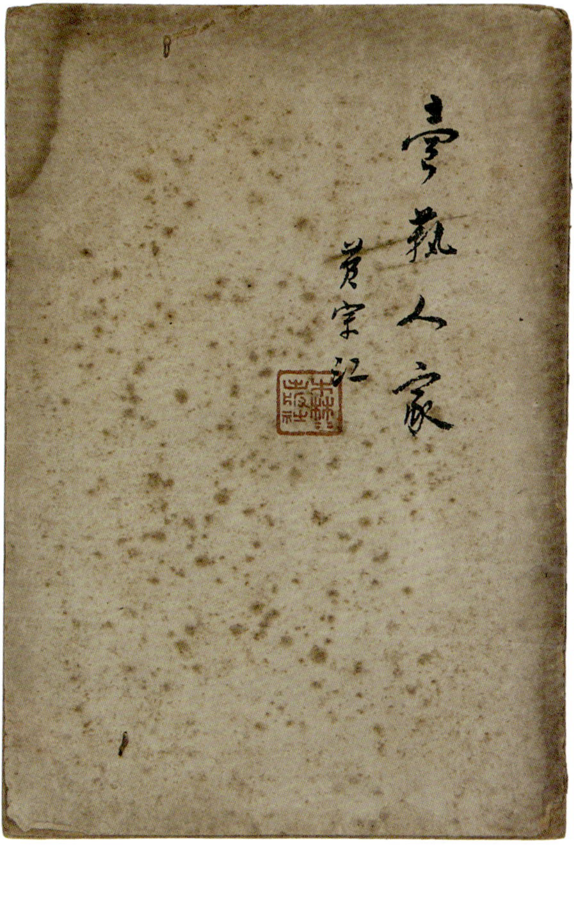

天才的事业，而我不是天才，所以始终想以演员为过渡，最后成为剧作家”。这或许与他的家世有关。黄家乃浙南望族，书香门第。清朝中后叶，黄家兄弟二进士、父子叔侄三进士同朝为翰林。这多少造就了黄宗江强烈的创作欲望。

一九四四年夏，黄宗江演出之余，“在重庆郊外花灯石开笔，在内江一家茶楼落笔”，一口气写下了十多篇散文，题为《卖艺人家》，并托冯亦代带到上海给黄裳。黄裳在其编辑的《文汇报》副刊《浮世绘》给予连载发表，并找诗人王辛笛帮忙，于一九四八年十二月由森林出版社出版。

森林出版社由王辛笛与曹辛之等人创办。因此，曹辛之亲自设计了《卖艺人家》一书的封面。姜德明评价此书“封面尽弃舞台痕迹，不事喧哗地强调书香氛围，突出传统手法，请作家黄裳题签，自己刻制了‘森林出版社’的印章，紧凑地组合在书的右上角。书面简朴、雅洁，留有极大的空间，折射出强烈的文化气质。这种设计思想，正符合鲁迅关于书籍装帧的一向主张：书面与书的内容不强求机械地配合。《卖艺人家》是一本意境淡远，略显忧郁情味的散文，若果配以眼花缭乱的舞台锣鼓和人物脸谱，岂不过实而浅露？或曰：那是戏报招贴，决非书籍装帧，更不是曹辛之的艺术风格了”。

《卖艺人家》扉页印着“纪念亡友郭元同——艺名异方”一行字。郭元同是黄宗江在燕京大学读书时的同学，后来成了妹妹黄宗英的新郎。想不到新婚当天，郭元同患心内膜炎病倒，被人搀扶着行了礼拜了堂，十八天后病逝。黄宗英有文感叹：“我总把戏，梦，人生分不清，掰不开。”我从谢其章《“甜姐儿”黄宗英旧影》里读到这段书外的故事时，唏嘘不已。

《卖艺人家》收录了十九篇用剧人眼光看社会看人生的文章，行文中闪烁着青年黄宗江的浪漫遐想。上世纪八十年代，一位书友捧着一堆黄裳的著作请作者题字，其中还有这本《卖艺人家》，黄裳写道：“这确是一本好书。作者在书里所讲的故事，他那种不合‘规范’的文字风格……都是很特别也是很美的。”又在《题跋之外》一文中说：“《卖艺人家》的特色之一，是将丰富饱满得几乎溢出来的生活感受，用诗样的精炼语言，集中编织在短小的篇幅之中。这种感受有纤细、敏锐的特征……”

黄宗江说《卖艺人家》只是他“少年时的情书”。“后记”里，黄宗江写道：“这好比我少年的情书，自然有情有真，又更有多少当时看不清的幻与伪，这情这真见得人，这幻这伪也见得人……”

黄宗江是性情中人。后来，他把一生最真诚最厚实的情书写给了阮若珊。他们相知相爱，相濡以沫。晚年阮若珊撰写自传，在《我的良人》一文结尾处，她深情地写道：“唯一的心思是我们俩现在谁都离不开谁，谁先离开这个世界，谁先走了，另一个都受不了，怎么办？如果他先走了，我失去了老师、顾问，半个生活秘书，我将怎么生活？如果我先去了，他怎么生活？孙儿男男怎么生活？我们相约活到下一个世纪，我们能一块进入另一个世界吗？”

前不久，我在孔夫子旧书网得到这本《卖艺人家》的时候，网上又出现了几件致黄宗江阮若珊的信札和明信片。这大概是阮若珊去世后整理遗物时流散出去的。我也竞拍得作家刘绪源致黄宗江信一页、原解放军艺术学院文学戏剧系主任卢学公致阮若珊信两页、阮若珊铅笔信札底稿一页，虽不是很珍贵，但也算是一点纪念吧。

二〇〇七年三月二十七日

陨落的星辰

一九四三年春，刚出狱的莫洛先生住在温州市区朱彭巷老屋里。日子虽然过得很清苦，但此时的他似乎比任何时候都坚强。一天，大雨伴着雷声咆哮而至，他看到一只八哥不畏风雨，仍激情歌唱。他充满着兴奋，对妻子说，“这不为大雷雨所慑服的鸟儿的歌声，正如人类勇敢的歌声一样，有什么暴力，有什么可怕的暴力能压倒它呢！”并有感而发，写下了著名的《斑歌鸟》。

不久以后，莫洛先生单身来到丽水碧湖赵村、龙泉山区为《浙江日报》编辑文艺副刊，直到一九四六年。

那段时间，他写着柔情似水的《恋歌》，享受着《寂寞》，给远方的孩子讲述《爸爸的故事》。

因为工作之便，他可以翻阅到大量的报刊，就作了一些文史资料整理。他发现，为数不少的作家和文化人士死于国难。他觉得把这些人的生平事迹公布于

◎　陨落的星辰

莫洛
人间书屋
一九四九年一月初版
1/32　12.9×17.9cm

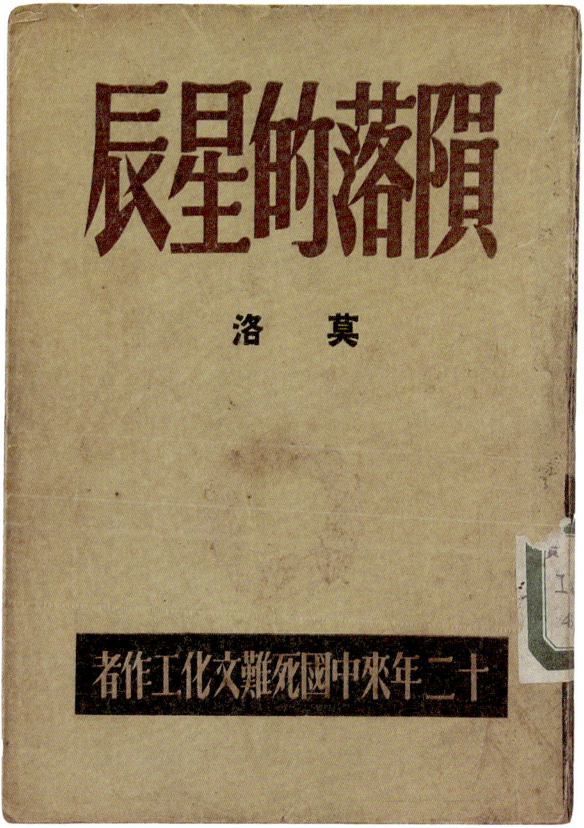

众，是非常有意义的，便决定专题搜集。

这项工作历时三年半，搜集范围也延伸至内战时期，有关文艺作家部分曾题为《呈现了血和生命的作家们》发表在郑振铎和李健吾主编的《文艺复兴·中国文学研究号（上册）》上，并在沈寂主编的《春秋》上连载，五次易稿，终结集为《陨落的星辰》于一九四九年一月由上海人间书屋出版。

莫洛先生至今已出版十余种著作，《陨落的星辰》是其中唯一的文艺传记集，未曾再版。倪墨炎的《现代文坛偶拾》和钦鸿的《文海钩沉》两书高度评价了此书在现代文学史上的特殊意义。当然，莫洛先生的主要成就在散文诗创作上。近二十多年来，莫洛先生的散文诗越来越受到文学史家和评论家的重视，荷兰以及香港、台湾地区的几部“中国新诗选”都收录了他的作品，唐湜、骆寒超等人研究过他散文诗创作的特色，书话大家姜德明两次来温都专门拜访过他。

《陨落的星辰》共搜集整理了一百三十六位在十二年（一九三七—一九四八）里死难作家、翻译家、戏剧家、音乐家、记者、哲学家、自然科学家的简况。“八年艰苦的抗战，以及接着而来的三年内战”，“中国的文化工作者们，是在怎样的一种情况下工作着，斗争着和生活着，而且是怎样捧出了自己的血和生命，献给我们的文化，祖国和人民？”《陨落的星辰》“题记”阐明“这是一张用血和泪缮就的账单”。其中有我们熟悉的朱自清、郁达夫、李公朴、邹韬奋等人，也有鲜为人知的张似旭、冯国华、项荒途等人。这些死难的文化工作者，有的是与敌人作正面斗争牺牲的，有的是坚持崇高品质默默无闻死去的。后者虽然死得并不是那么轰轰烈烈，但同样为我们祖国的独立事业付出了自己的血和泪，我觉得这正是《陨落的星辰》一书展示的宽广的胸怀和大写的人文精神。

我手上的这本《陨落的星辰》原为上海图书馆藏书，近从孔夫子旧书网一书商处拍卖而得。九月二十八日晚，在老同事、莫洛先生孙女马伊的引见下，我与妻携书拜访了莫洛先生。

莫洛先生今年已九十高龄，但看起来很精神，两个月前还创作了一首散文诗《黎明，在天安门广场上》发表在二〇〇六年第三期《散文诗世界》杂志上。只是耳朵有点背了，和他说话要很大声。他的书房里挂着一副郑超麟先生复制相赠的对联："行无愧怍心常坦；身处艰难气若虹。"这是陈独秀写给前去狱中探望他的刘海粟的对联。书桌上，还摆着一只小玻璃鱼缸。他的老伴告诉我们，邻居家养的热带鱼生了十几头小鱼，她便要了过来，让莫洛先生没事了逗着玩。有时候，莫洛先生看着鱼，会开心地笑几声，然后说："真好玩。"

莫洛先生是热爱生活的人。人活到这把年纪，更是把什么事情都看得开了。我记得他在《回忆·爱情·散文诗》一文里说过："一个人活了八十多岁，应该知道做人的尊严和价值。……人能做到正直，人的内心能充满爱，那么人也就保有尊严和价值了。"

那天晚上，莫洛先生兴致勃勃地为我们讲了一些《陨落的星辰》的事。我请他在书上写句话，他沉思片刻，欣然写下："此书我自己保存甚少，韶毅同志今从网上购得，我也甚为高兴，特题几字以留纪念。"

二〇〇六年十一月三十日

意度集

在“九叶派”诗人中，不乏多面手。有以书籍装帧闻名的曹辛之，有以翻译和研究西方现代文学知名的袁可嘉，唐湜先生则以文学评论见长。北京大学温儒敏教授在《中国现代文学批评史》中，将唐湜与王国维、李健吾、冯雪峰、胡风、朱光潜、李长之等人并论。

一九五〇年三月平原社出版的《意度集》是唐湜先生的第一本评论集，我在孔夫子旧书网香港神州旧书店处拍卖而得。其封面设计简单之极，白纸上书“意度集”及“唐湜”，是作者手迹，“唐湜”处盖“平原社”篆字朱文印章。书扉则印着几行伤感的字：“纪念我的弟弟唐文荣（王平）。抗战初期，他离家到陕北去学习，抗战胜利时，他曾从湖北宣化店来信，以后就没有了消息。”

此书编选之初，本有十二篇文章。朋友将之交森林出版社出版，但此事并未成，反而散失了《骆宾基的〈混沌〉》《刘北汜的〈山谷〉》《何其芳与惠特曼》三篇文章。平原社出版的时候，删去了《佩弦先生的〈新诗杂话〉》，增收了《郑敏的静夜里的祈祷》《莫洛生命树上的果实》，连《沉思者冯至》《辛笛的〈手掌集〉》、《搏求者穆旦》《严肃的星辰们》《路翎与他的〈求爱〉》《陈敬容的〈星雨集〉》《虔诚的纳蕤思汪曾祺》《衣修伍德的〈紫罗兰姑娘〉》等，最终共十篇文章。

唐湜先生在《意度集》"前记"说起了自己怎样写起这一类文章——一九四五年夏天，他依照那时学校一般同学的习惯，拿了一本《阿左林小集》躺在小溪边念起来，不由沉醉其中。天色渐暗，溪水潺潺，仿佛映衬出了"蓝色的地中海湾、金点子似的西班牙果园、卡蕾利亚的梦幻似的眼睛"。灵感之神降临，他马上回去在桐油灯的烟雾里写下了《阿左林的书》，其文美得"仿佛也可以放在阿左林的集子里去"。于是，就"想用散文小品代替大块的论文"。他认为，"一篇批评文章本身就应该是一幅好画，一篇好散文，或一篇有蓬勃的力量的搏斗的心理戏剧。只要它是真挚的，切实的，也就总是一致的，完整的，独自兀立着的，恰如一座山（它的崇高），一片水（它的渊深），或一片阳光（它的闪烁的浑朴）”。

“前记”表达了唐湜的新文学批评观。他说：“我那时企慕着刘西渭先生的翩然风度，胡风先生的沉雄气魄与钱锺书先生的修养，但我更企望在他们之间有一次浑然的合流。”

诗人以“幻美”之笔书写了中国现代文学批评史的新篇章。钱锺书先生赞《意度集》是“继李健吾的《咀华集》而起，且青出于蓝”。

此后，唐湜先生虽然历尽人生磨难，但他始终未放弃诗歌创作和文学批评。一九九〇年九月，生活·读书·新知三联书店出版了《新意度集》。《新意度集》包括了《意度集》里文章，和他八十年代创作的诗论。一九九八年九月，山东友谊出版社出版了《新意度集》的续篇《翠羽集》。

唐湜先生一九二〇年生于温州，二〇〇五年一月二十八日离开人世。他去世前的二〇〇三年十一月，

◎ 意度集

唐湜
平原社
一九五〇年三月版
1/32　12.8×18cm

◎ 意度集

唐湜
平原社
一九五〇年三月版
1/32 13.2×18.2cm

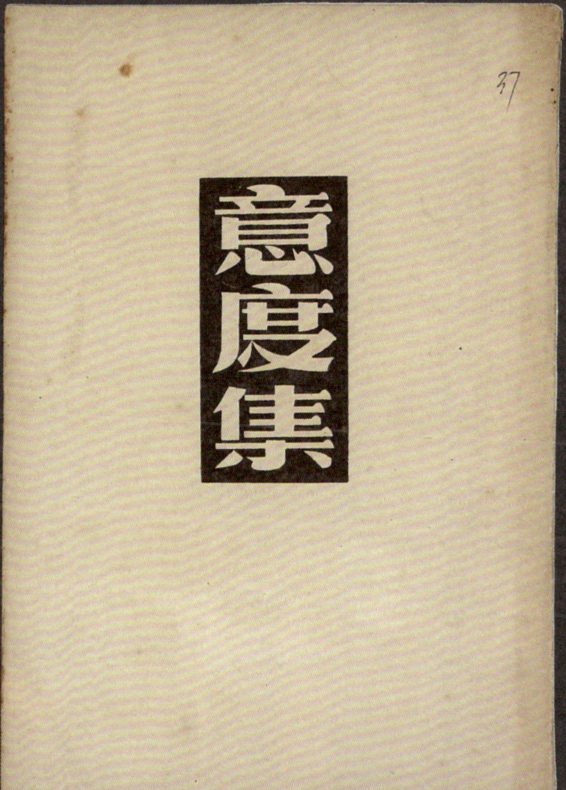

在温州师范学院举办过“廿一世纪中国现代诗第二届研讨会暨唐湜诗歌座谈会”。我也曾到会场聆听，并到他家翻拍了一组他的老照片，发在我编辑的杂志上。他的家在温州花柳塘一幢旧楼里。在这个纷繁的小城市里，人们早已忘记这里还住着一位文坛老人。他家房间里陈设简陋，书架上零乱堆积的书都蒙上厚厚了灰尘。之前，他腿脚还灵便的时候，偶有到晚报社走动，但我们并没有多说过几句话，大概就是礼貌性质的问候。在我的印象中，晚年的唐湜先生，就像老顽童，乐呵呵地。

我的老同事程绍国最近出版了一部《林斤澜说》，里面说到唐湜先生，这是我见到的对唐湜先生最生动的描述，让人读出了笑与泪——

有回，他和姜嘉镳教授一起吃汤面，姜教授吃了一半就放下筷子。唐湜先生就问他：“你不吃了？”答：“不吃了。”唐湜先生就把他的半碗端了去，呼呼倒下肚去。

唐湜先生八十岁诞辰，温州晚报文化部的同仁在酒店摆了四桌酒，为他祝寿。“他一过来就吃，好像这个活动与他没有关系，最后没有一人打包的，就他打走一个包，却是两段排骨。”

“唐湜很少大嚷。一回做膀胱息肉剔除手术，手术管子从阴茎深入，直达病灶。可能大痛，唐湜大叫:‘法西斯！法西斯！’”

程绍国在他的文章里还说，唐湜先生怎么被打成右派，以至后来饱经风霜。那是因为“唐湜毫无世故，一点不懂中国的政治，他的右派的帽子是自己找来戴在头上的”。“唐湜简直是个小孩。他非常单纯，非常天真，他的手上没有一个处世哲学的本子。世事洞明，人情练达，他不知道;温良恭俭让，他好像没有听说过。他的一生，像是葛朗台的临终，脑中无它，只有金子，而唐湜呢，只有艺术和写作。”我以为这是很中肯的评论。

二〇〇六年十一月二十九日

无产者耶稣传

二十世纪四十年代后期，朱维之的文艺研究思想自然不自然地发生了某种转变，《无产者耶稣传》《文艺宗教论集》两书堪称这种转变的最直接的结果。

《无产者耶稣传》于一九五〇年十月由广学会出版。封面选了英国画家韩德的名作《十字架之影》的一部分作为装饰，并在扉页后作了说明："全图纤细地画出耶稣在家作木匠时的情形。一天傍晚，他放松双手，注视窗外美丽的夕阳，忘了一天的疲劳。阳光猛烈地透过窗棂，投射到他全身；在后面的墙壁上，映成一幅背负十字架似的浓影。"

这是朱维之写的第二部耶稣传，此前与王治心合著《耶稣基督》，于一九四八年二月由中华书局出版。王治心写《绪论》，朱维之写《正传》。"那本书只写纯宗教家的耶稣故事，虽有革命的意识，仍不免带有一些唯心的色彩。一九四八年以来，我读了恩格斯底《原始基督教史论》和考茨基底《基督教之基础》以及其他古代史、社会史之后，逐渐明白耶稣正确的立场和观点。现在，现实的环境又有了一百八十度的变转，帮助我们更加看得清楚些，因为它是一部更大的参考书。”这段《无产者耶稣传》序言里的话，真实反映了朱维之的思想历程。因此，教会人士余牧人让他写一本新耶稣传，两个月就交稿了。“好把三年来重新考察的结果发表出来，跟新时代的青年共同讨论。”

朱维之称《无产者耶稣传》乃借鉴魏脱、史提德、米泽尚三等人的耶稣传记写成，正文只一百零六页，与《耶稣基督》一样，都是小册子。封二有广告：“本书的风格清丽，文笔生动，饶有兴趣。基督徒读了，可以启发许多富于创造性的新颖思想；非基督徒读了，可以很快地得到对基督教的初步认识，好作进一步的，彻底了解的准备。”

联想起二十世纪四十年代初期朱维之写《基督教与文学》时，耶稣尚带浓浓的诗人色彩，而《耶稣基督》则是宗教家耶稣的故事，再到这部《无产者耶稣传》

◎　无产者耶稣传

朱维之
广学会
一九五〇年十月版
1/32　13.1×18.5cm

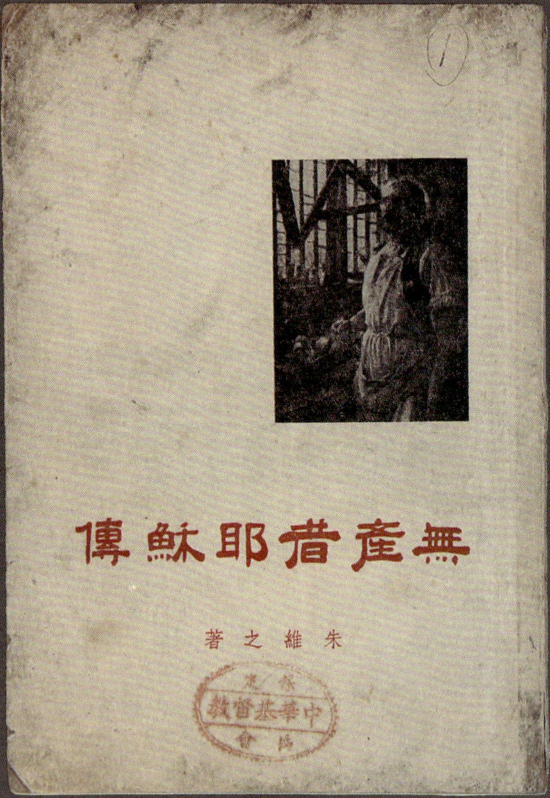

◎ 耶稣基督

王治心 朱维之
中华书局
一九四八年二月版
1/32 13.1×18.2cm

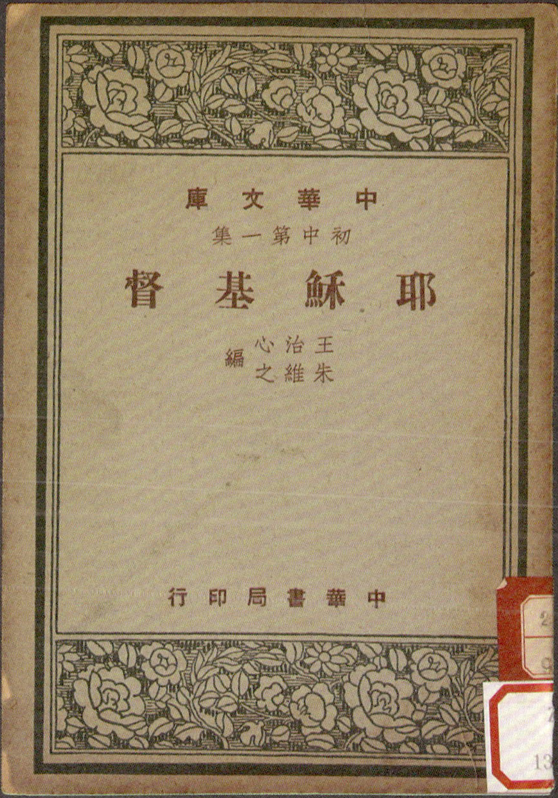

里的革命家形象，种种转变都似乎为中国现代知识分子的心路历程以及中国基督教本土化发展写下了深刻的注解。台湾学者曾庆豹认为，《无产者耶稣传》是朱维之最具政治意味的一本著作，总结了那个时代具革命精神的基督教思想和潮流，可与张仕章《革命的木匠》、谢扶雅《被压迫的福音》并列为中国基督教社会主义耶稣传记的三大代表作。忽视这本书，影响对朱维之的评价。

一九五二年，朱维之离开服务了十六年的沪江大学，北上任职于南开大学，并把工作重心转向翻译。他晚年回忆说："解放后的思想改造时期中，一时难以写出可观的文章，因此暂时转到翻译，用以解除手痒问题……"今天我们读弥尔顿作品，经典翻译还数朱维之。

二〇二〇年二月十七日

下辑

论理学达旨

《论理学达旨》是文明书局光绪二十八年（一九〇二）十二月印行的一本有关逻辑学译著，封面设计简约，只印着书名和作者、译者，日本清野勉著、瑞安林祖同译，大大的字，尤其“瑞安”两字很吸引乡邦文献收藏者的眼球。

此书作者清野勉（一八五三—一九〇四）是日本明治时代的哲学家，曾在东洋大学、信州大学等院校教授哲学，著有《归纳法论理学》《理学大意》《普通论理学》《归纳论理经世危言》等，《论理学达旨》所用底本就是其中的《归纳法论理学》，一八八九年日本哲学书院出版。而林祖同即林大同（一八八〇—一九三六），“我生也与大父同日故名祖同”，后来因仰慕孙中山的世界大同思想改名大同。翻译此书时，他只二十一二岁，尚在上海南洋公学特班读书，与李叔同、

◎　论理学达旨

林祖同 译
文明书局
一九〇二年十二月版
1/32　15.2×22.3cm

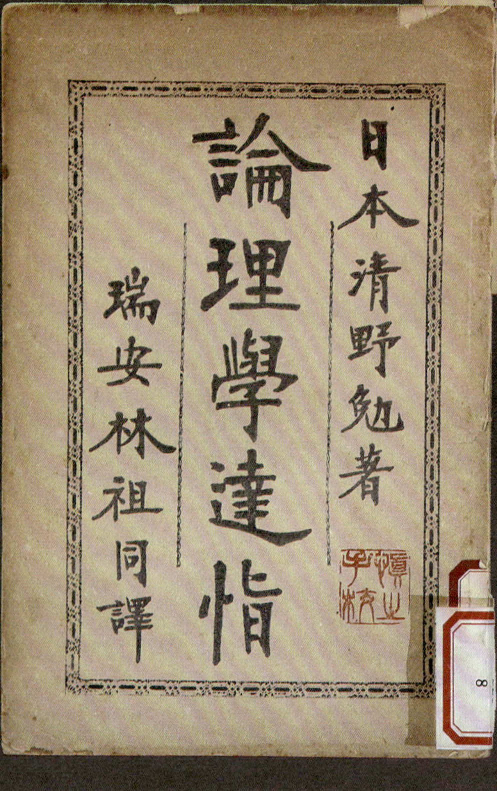

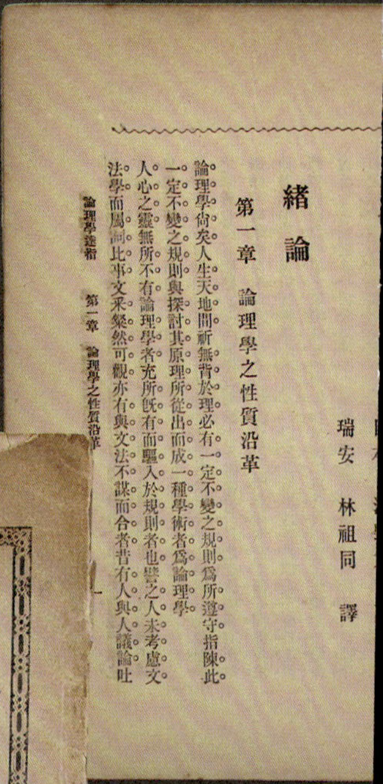
瑞安　林祖同　譯

緒論

第一章　論理學之性質沿革

論理學尙矣人生天地間蘄無背於理必有一定不變之規則爲所遵守指陳此一定不變之規則與探討其原理所從出而成一種學術者爲論理學人心之靈無所不有論理學者充所既有而驅入於規則者也譬之人未考慮文法學而屬詞比事文采粲然可觀亦有與文法不謀而合者昔有人與人議論吐

論理學達旨　第一章　論理學之性質沿革

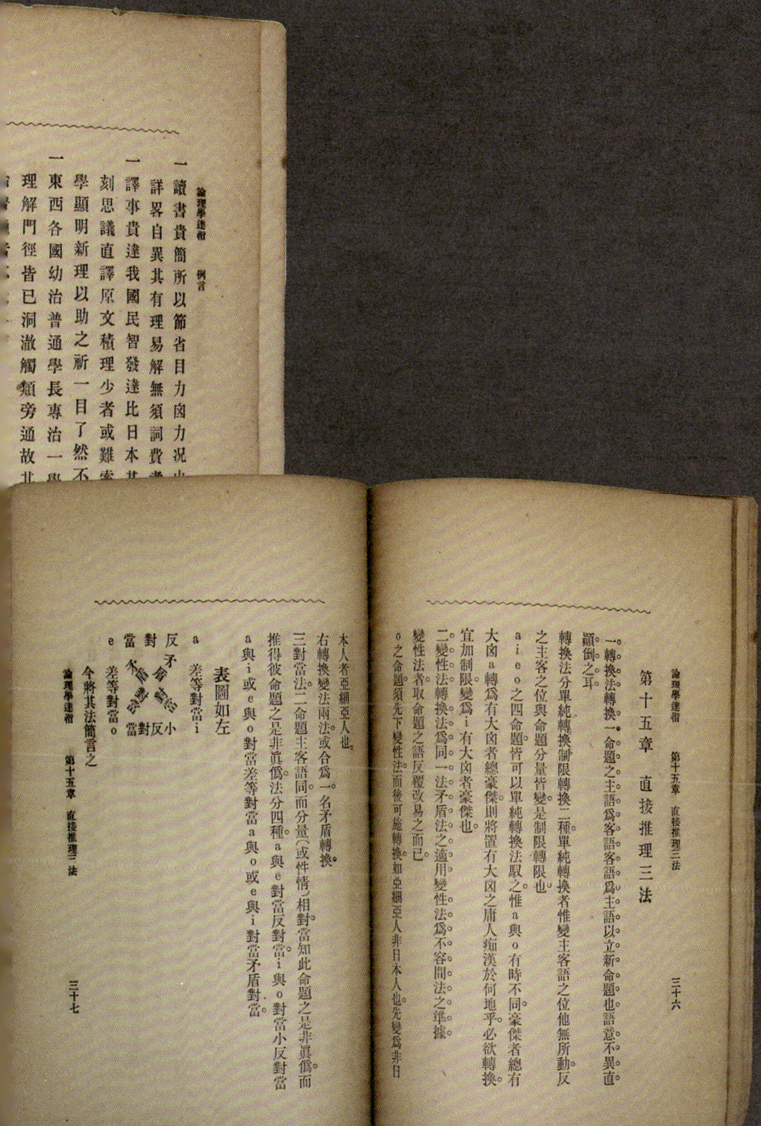

論理學達詁　例言

一讀書貴簡所以節省目力囟力況也
詳畧自異其有理易解無須詞費者
一譯事貴達我國民智發達比日本其
刻思議直譯原文積理少者或難索
學顯明新理以助之祈一目了然不
一東西各國幼治普通學長專治一學
理解門徑皆已洞澈觸類旁通故其

論理學達詁　第十五章　直接推理三法　三十六

第十五章　直接推理三法

一轉換法轉換一命題之主語爲客語客語爲主語以立新命題也語意不異直顚倒之耳

轉換法分單純轉換制限轉換二種單純轉換者惟變主客語之位他無所動反之主客之位與命題分量皆變是制限轉限也

a i e o 之四命題皆可以單純轉換法取之惟 a 與 o 有時不同豪傑者總有大囟 a 轉爲有大囟者總豪傑則將置有大囟之庸人痴漢於何地乎必欲轉換宜加制限變爲 i 有大囟者豪傑也

二變性法轉換法爲同一法矛盾法之適用變性法爲不容間法之準據

變性法者取命題之語反覆改易之而已

o 之命題須先下變性法而後可施轉換如亞細亞人非日本人也先變爲非日本人者亞細亞人也

右轉換變法兩法或合爲一名矛盾轉換

三對當法二命題主客語同而分量(或性情)相對當知此命題之是非眞僞而推得彼命題之是非眞僞法分四種 a 與 e 對當反對當 i 與 o 對當小反對當 a 與 i 或 e 與 o 對當差等對當 a 與 o 或 e 與 i 對當矛盾對當

表圖如左

a　反對當　e
a　差等對當　i
e　差等對當　o
矛盾對當
i　小反對當　o

今將其法簡言之

論理學達詁　第十五章　直接推理三法　三十七

黄炎培、谢无量等同列蔡元培门下。翻译日文书，应与蔡元培的提倡有关。当时，李叔同也译有《法学门径书》等。

论理学现在通称逻辑学，晚清以来曾译为辩学、名学等，日本则译为论理学。据聂长顺、熊展钊《明末晚清 Logic 的汉译历程》介绍，中日甲午战争之后，论理学名称正式传入中国。一八九八年大同译书局刊行的康有为编《日本书目志》就罗列了平沼俶郎《通信教授论理学》、清野勉《论理学》等书目。一九〇二年，杨荫杭译《名学教科书》、陈鹏译中江兆名《理学钩玄》、汪荣宝译高山林次郎《论理学》以及林祖同译清野勉《论理学达旨》相继出版，这几本都是最早从日本翻译西方逻辑学的著作。

《论理学达旨》分绪论、演绎法部门、归纳法部门三部分，共三十一章。译者序云："泰西哲学，论理学其滥觞也。东邦维新以来，著译盈车，而吾中国独阙如焉（《理学须知》《辩学启蒙》等，译者未通此学，故多门外推敲之谈）。时势岌岌，非仅形而下之学所能补救，而况形而下者，形而上者之支流。不入虎穴，焉得虎子。中国变法数十年无一效，或犯此耳。长日如年，搜括东书，清野勉所著《演绎归纳理学》极深研，几近日东邦之绝作也。国将亡本，必先颠。中国知此学者尚希，亟为移译，饷我国民。穷原竟委之苦心，而非戋戋于近功速效者也……”

《论理学达旨》甚为稀见，故一些介绍林大同的文章多有讹误，说他著有《论理学》一书，实乃此译作也。

二〇一九年九月十日

马术

《马术》，一九一五年十二月初版，陆海军日报发行。

编译者项骢，瑞安人，乃项骧之四弟。生于一八九〇年，卒年不详，大概是上世纪四十年代去世。又名骓，字伟夫，号予斐。曾留学日本振武学校，与蒋介石同学。回国后，当过陆军部二等科员，一九一二年蓝天蔚拒上将军衔，请移奖于关外从者，项骢曾致函蓝天蔚劝勿言辞，此函今藏中国第二历史档案馆。一九一三年五月，大总统袁世凯、陆军总长段祺瑞颁布《准授曹炳煃等军衔令》，项骢在内，被授予陆军骑兵少校。一九三五年，老乡许璇去世，他与孙延瀚同送挽联："廿载皋比传至道；九流农事擅专家。"据《瑞安文史资料》第八辑上王超六的文章介绍，项骢文质彬彬，胆小谨慎，寡言笑，只有当当参议这样的官。蒋介石主政后，经张群推荐，项骢任江苏硝磺

◎　马术

项骢
陆海军日报
一九一五年十二月初版
1/32　15.3×23cm

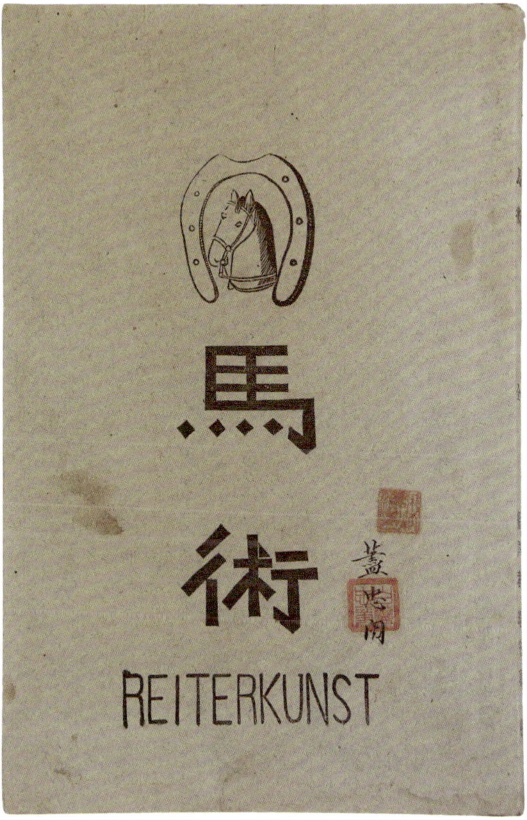

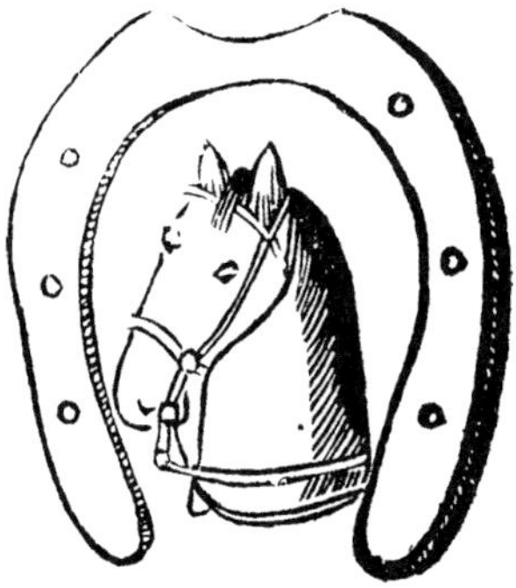

总局局长。抗战后归隐家园。瑞安第一次沦陷，日军到项家，见挂有其在日本与蒋介石洗海水浴的合照，“一笑置之”。此轶事，疑是街巷之说。

这本《马术》应作于项骢陆军骑兵少校任上。其《绪言》云：我国非无马，非不讲求马术，今马之不良，实因术之失传。马术与马种关系大矣。今之谈改良马种者，独不知提倡马术。大之失筹划之机宜，小之堕军人之仪表。对内启人民之蔑视，对外损国家之威仪。马术非徒供乘挽之用，实足以启迪尚武之品性。

是书分《总论》《御术》《水勒教练》《大勒教练》《野

外骑弃》《对于特别马匹之御法》《马术褒奖》《附录》等八章，“尤注重教育，务期一般国民发扬尚武之精神，养成优美之嗜好”。但作者又指出，虽然本书是以研究乘御为手段，但目的要收到改良效果，“关于我国马术应行改革事项，望阅者留意”。

查《民国时期总书目》教育体育卷，此书列“马术赛马”条之首，可见是民国时期最早研究马术的著作之一。

二〇一八年一月四日

新疆纪略

林竞是民国时期西北考察与开发的积极参加者，一生四次出入西北，留下大量调查材料，曾先后结集为《新疆纪略》《西北丛编》出版，尤以《西北丛编》著名。该书自一九三一年四月由神州国光社出版以来，至今仍是研究西北问题的重要文献，数次再版。一九七五年，列入沈云龙主编《近代中国史料丛刊续编》第十一辑，由台湾文海出版社出版；一九九〇年十月，兰州古籍书店收入《中国西北文献丛书》第四辑出版；二〇〇三年十月，甘肃人民出版出版改名为《蒙新甘宁考察记》，列入"西北行记丛萃丛书"出版；二〇一〇年二月，新疆人民出版社改名为《亲历西北》，列入"西域探险考察大系"出版，二〇一三年十月再版；二〇一六年一月，中国国际广播出版改名为《西北考察日记》，列为"西北史丛书"第二辑出版。

◎　新疆纪略

林竞
天山学会
一九一八年四月版
1/32　15×21cm

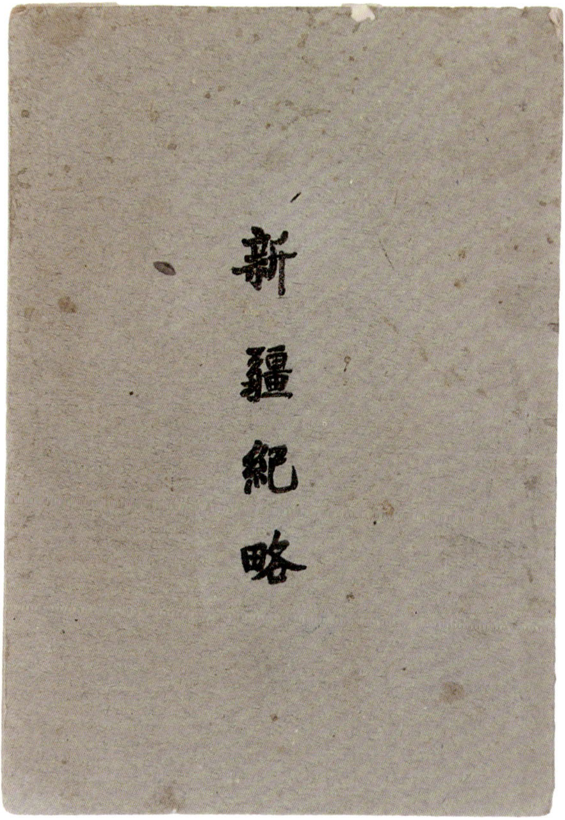

◎ 西北丛编

林竞
神州国光社
一九三一年四月版
1/32 15.3×21.8cm

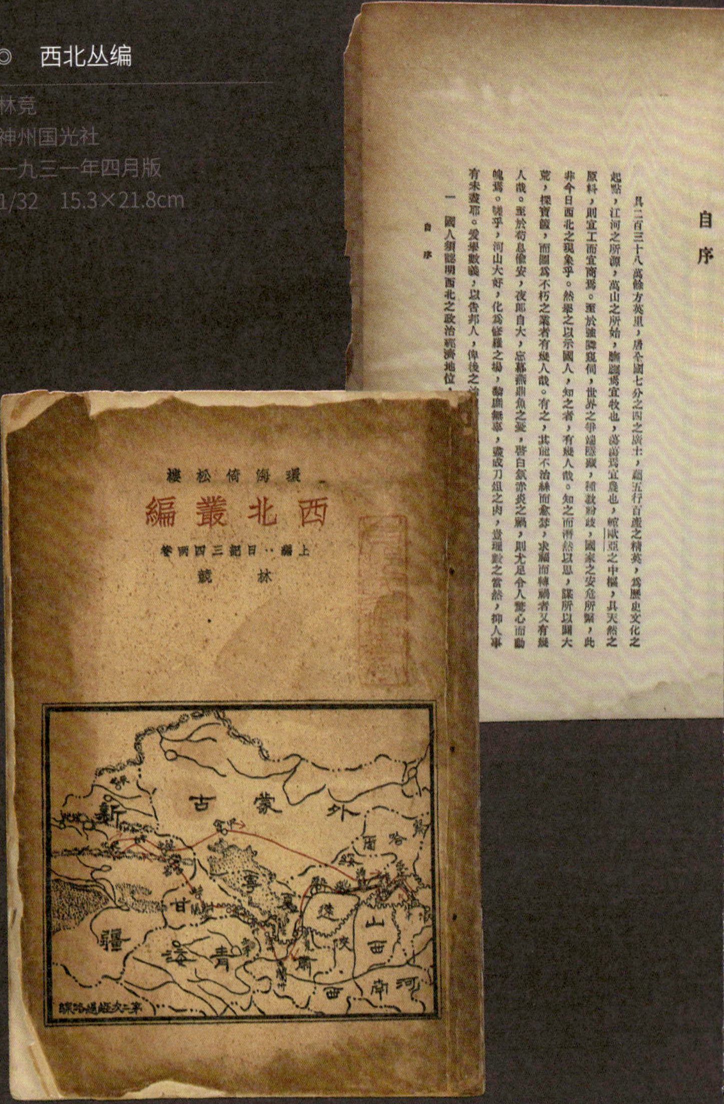

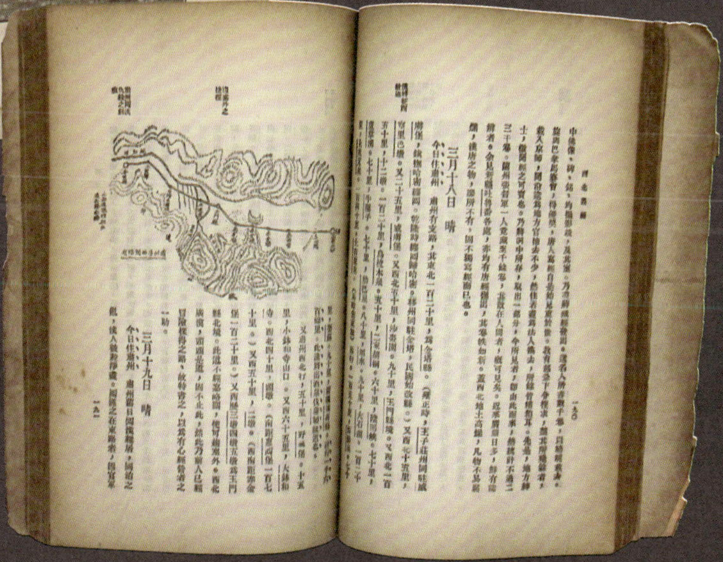
三月十八日 晴
三月十九日 晴

《新疆纪略》由天山学会于一九一八年四月印行，是林竞一九一六年作为财政部特派员赴新疆时所写报告。这是他第一次考察西北，“由京启行，明月三月抵乌垣。阅九月，遍历天山南北暨阿尔泰山。归途取道俄境，始于去冬返都，驱驰逾岁”。同行者谢彬著有《新疆游记》，可对照阅读。林竞此书在日本印成，正文前有照片四帧，考察线路图一张。分吏治、军政、财政、外交、实业、教育、司法、各种族与汉人之感情及现在趋向、交通、省内支路列下、省外支路列下、结论等十节，共四十七页。“至于山川形势之险阻、气候物产之变异、风俗人情之离同、建置制度之沿革，与夫道里交通之远近、政治经济之详况，适有西陲纪行之作，容当就正与大雅焉。”林竞、谢彬还撰写了《民国北京政府财政部新疆调查员有关新省财税状况的总报告》《新疆调查员林竞等致财政部意见书》等上呈。

而《西北丛编》是一个宏伟的计划，据《例言》介绍，总分上下两编，上编为日记，计分八卷六册，“第一卷，民国五年，由北京经豫、陕、甘，至迪化。第二卷，民国六年，由迪化经天山南路，及阿尔泰、西伯利亚，至北京。第三卷，由北京，经察、绥、宁夏、甘肃，至迪化。第四卷，由迪化经内外蒙古至北京，第五卷，民国十四年，由北京，经察、绥、宁夏、甘肃，至青海。第六卷，民国十五十六十七三年，驻青海。第七卷，民国十六年，环游青海。第八卷，民国十七年，由青海至上海”。第一、第二、第五、第六各一册，第三、第四合编一册，第七、第八合编一册，字数共约八十万，照片一百五十张。下编则为《新疆纪略》。我们现在见到的《西北丛编》，实乃零本，只收录第三、第四卷日记，为一九一八年十一月十三日至一九一九年五月二十二日、一九一九年六月七日至八月十五日第二次西北之行往返记录，其他各卷后未见出版。

林竞称，第一、第二、第三、第四各卷一九二二、二三年曾刊于上海《中华新报》、北京《京报》。查《开发西北》一九三四年第一卷第一期第二期，曾以《环海倚松楼西北日记》为题连载第五卷一九二五年日记，《新亚细亚》一九三一年第二卷第三、四、五期连载的《南华游记》，则为一九二九年十一月上海至香港转道广东广州等地之日记，其他还有《我们为什么研究边务》

《余之终身旅行计划》《伊犁革命始末记》《边政与县政》《西南杂咏》《四十自述》等诗文。诸如此类,汇编成册,编为《林竞日记》或《林竞集》出版,以彰显这位西北开发先行者的功绩,善莫大焉。

二〇二〇年二月十二日

日本语典

《日本语典》，一九二三年二月印行，编著者、发行者为永嘉松台山人，校阅者湘西沧庐居士，印刷者上海华丰印刷厂，经售处上海银行周报社，分售处上海商务印书馆、上海时事新报馆、上海至诚堂书店，定价一元。

是书封面设计朴素，只印有书名、编者、印行时间三行字。目录页署永嘉松台山人初稿，版权页钤有“永嘉松台山人之章”隶书朱文印。版权页之后还刊印上海银行周报社发售书目一页。

全书分上、下篇，上篇九章，一百八十八页，下篇三章，三十页。正文前有序，为沧庐一九二二年十二月所作：“永嘉松台山人本其多年研究之心得，编为日本语典一书并出以相示兼嘱有所言。夫国人研究日本语言文字者，每苦无善本，间有一二日本人士为

◎ 日本语典

永嘉松台山人
上海银行周报社
一九二三年二月版
1/32　12.8×18.7cm

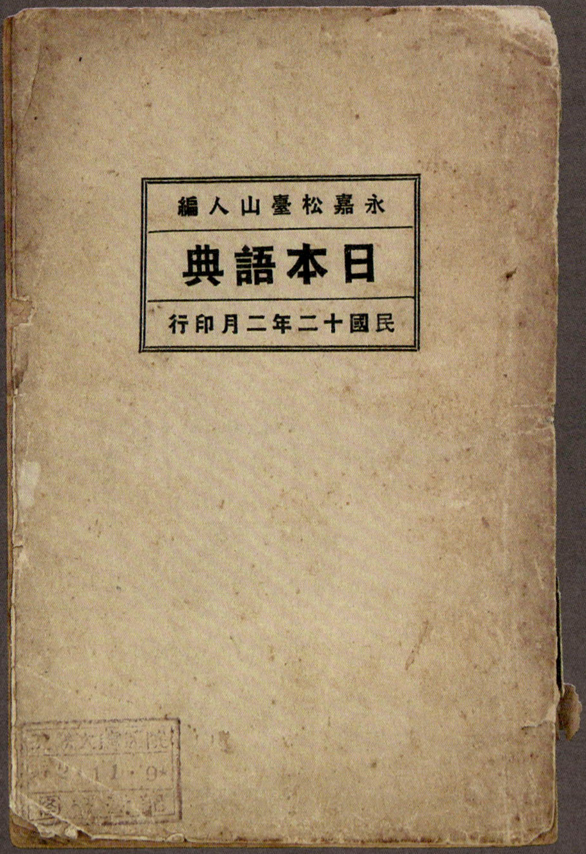

◎ 日本语典（精装本）

永嘉松台山人

上海银行周报社

一九二三年二月版

1/32 13×18.9cm

吾国学子编辑专书，或失之繁琐或嫌其简略，语典尤难得适用之专书堪资研究也。永嘉松台山人有鉴于此，因有是书之编辑，解释既详，举例尤当，凡研究日本文字者，得此以进窥堂奥，其便利孰甚。又所异于群书者，则系为国人研究者而作，故体例与取材均以国人适用为依归，以与其他诸书编辑方法因各有异同，要能独辟蹊径而发挥其特长也。展诵之余，爰书所见，以为序。”

《日本语典》出版后，《申报》《时事新报》《神州日报》《银行周报》《大平洋杂志》等均在第一时间予以推荐，其中以《银行周报》的力度最大，不仅多次刊载署名沧水的介绍短文，还连续整版刊登目录及转载《神州日报》《申报》《时事新报》的评语。

同时，《日本语典》引起了周作人的注意。他在一九二三年六月九日《晨报副镌》发表文章批评了这本书：“《日本语典》中的规则及说明都有所凭据，没有什么错误，到了所举的实例里便匪夷所思的奇妙了。”在举出书中多处具体错误后，又道：“这些独辟蹊径的‘洋泾滨’日本语无论怎样的适于国人，只是在日本不通用，也是徒劳。要学外国语只得自己去迁就他，不能叫人家来遵从我，这是很明了而平凡的事实，大家都应该知道的，《日本语典》的著者却得在外国语来施展独创，于是结果成了一部空前的浪漫的文法书了。”六月二十二日《晨报副镌》第四版“来件”栏目，刊出了永嘉松台山人的《答作人君之日本语典批评》，逐条解释周作人的质疑。文后还有《周作人附记》，是周作人对他的疑问再次作的阐述。他自信他的批评是不错的。周作人认为日本语是活语言，所引或不曾引出来的那些句子是否“洋泾滨日本语”，“凡日本人及懂日本语的中国人都是知道的，只要请问一声便好，正不必空在纸上争辩”。

永嘉松台山人是谁？《学生杂志》一九二四年第十二号所刊《答直隶玉田溯声君》一文透露《日本语典》的作者是徐寄庼，但还不明确。后来，我无意中发现一张《徐寄庼启事》，其正面宋体排印：“迳启者：冕囊客东瀛，因鉴于国人研究彼邦语言文字苦无善本，因就研究之所得随时笔录，积稿盈箧，迄未付刊。近年人事稍暇，复出而理之，因成《日本语典》一书，今以付梓，聊供世人之参考。惟稿成仓卒，鲁鱼亥豕，错误尚多。谨赠一册，尚希教正是荷，专此。顺颂时绥！徐陈冕谨启。”背面盖印红字：“徐寄庼君赠送，《银行周报》代发。”应是随书附送之物。这就直接证明了永嘉松台山人就是徐寄庼。

徐寄庼字陈冕，是一位富有传奇色彩的银行家。一八八二年出生于温州，杭州高等师范学堂毕业后，东渡日本入东京同文书院、山口高等商业学院深造。一九〇五年回国，任职于温处学务分处。一九一四年后一直从事金融工作，长达四十年之久，曾任浙江兴业银行总经理、董事长，交通银行官股董事，中国银行商股董事，中央银行常务理事、副总裁兼代总裁等职。徐寄庼参与创办上海银行同业公会、银行周报社、上海票据交换所等金融机构，与杜月笙、虞洽卿等上海滩名流交谊甚笃。一九五六年病逝于上海。另著有《最近上海金融史》《泉币拓本》等。

二〇一四年二月十四日

最新柑橘改良栽培法

《最新柑橘改良栽培法》初版于民国十八年四月，寒斋所藏为民国廿四年一月增订再版本。出版这本书的新学会社是奉化人孙表卿、周世棠等人于辛亥革命前夕发起创办的书店，先是开在宁波，却因经营不善难以维持，但孙表卿决定坚持下去，增资扩大经营规模，并派庄嵩甫在上海棋盘街交通路（今昭通路）开设分号，这样新学会社的重心从宁波转到上海。新学会社在上海团结了一班留日学生，编写出版花果栽培、家禽饲养等实用类书籍，受到欢迎。《最新柑橘改良栽培法》译著者夏诒彬也是一名留日学生，此稿是他在日本国立园艺试验场钻研多年所得，在湖南任教时曾以此为蓝本，并参考中外新书，编成专著用来指导学生。并说其中繁殖、剪定、采收、贮藏及栽培历等章节，都来自他的实践经验，切合实用。

根接法

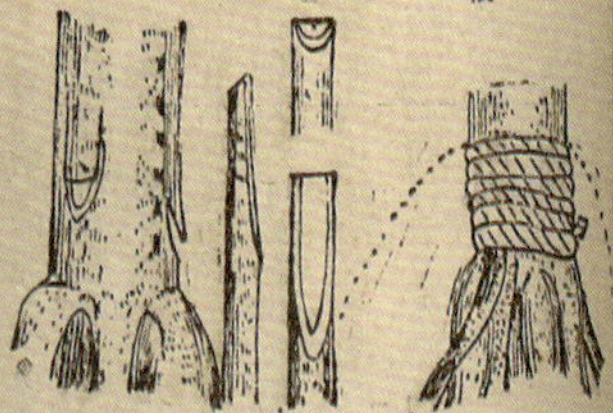

剝脫木質部比較是實用的,至於切芽的方法芽的上部須留一分下部留五六分用快刀從柑貼切下,附帶木質部的小部分。暫放口中含着防備乾燥同時將柑淡去地面一寸五分至二寸五分的部分剝開丁字形隨把切芽插入柄短柑貼附着的葉柄,再用蠟布紮好;即算手術完了。芽接手術完了後經過一星期檢察葉柄如觸手隨落即爲接活的證據,如葉柄黑變雖枯萎也不落下的時候就是沒有接活了。沒有接活的苗木,把蠟布剝去,再行第二次芽接。接活的苗木,等到發芽之後,翦除柑淡的上部各

法:Plate Budding這法的剝皮形式有丁字形,倒丁字形,H字形,I字形各種。對於圓柱形的柑貼,可用此法。芽接的時期從五月到九月,

芽接法

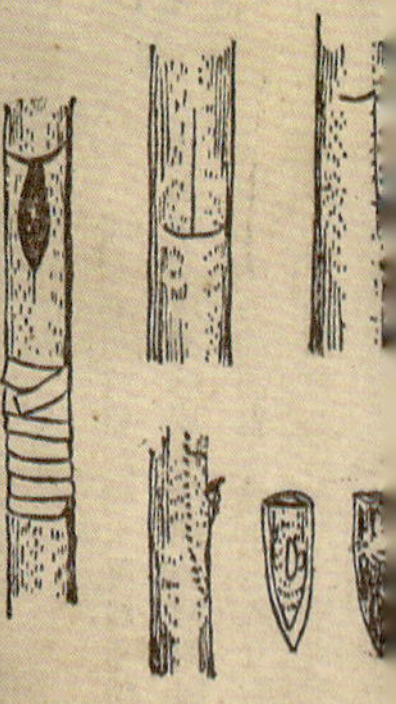

圖中虛線爲覆土之界

◎ 最新柑橘改良栽培法

夏诒彬
新学会社
一九三五年一月增订再版
1/32 13×18.7cm

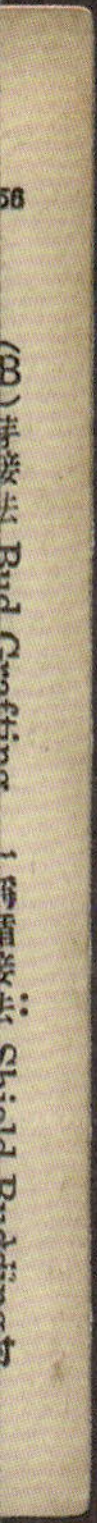

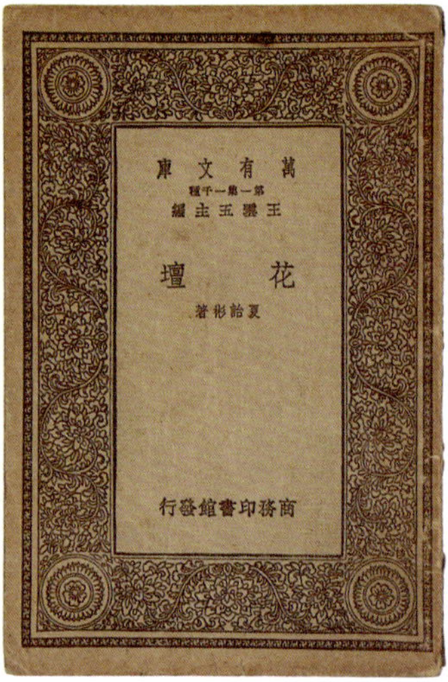

◎ 花坛

夏诒彬
商务印书馆
一九三三年十二月初版
1/32　11.8×17.5cm

夏诒彬写过如何种植兰、菊、葡萄、桑等专业书籍，为何偏要挑这本《最新柑橘改良栽培法》来介绍，当然与柑橘是温州特产有关。但书中所提温州蜜柑实乃日本温州蜜柑，与我们说的瓯柑不尽相同。夏诒彬如是介绍：“三百年前，由我国浙江温州传到日本。是从芽条变异或实生繁殖，发见无核的品种。据田中的调查看来，说温州并无和温州蜜柑类似的品种。又据他的最新报告（《中央园艺》二七八号）说黄岩莳橘（或称金钱橘）仿佛品质有些相似。又江西南丰,也产此橘。温州蜜柑或从莳橘的芽条变异发生出来，也未可知?黄岩和温州的海陆交通，在明末清初早有往来，温州也适柑橘栽培，莳橘一到温州和瓯柑同列市面。因瓯柑比莳橘数量较多，莳橘便混称瓯柑了。那时异邦人的观察，并未细认产地，带到日本之后，只知从温州带来的，即用温州命名了。这也不过是一种臆测，如要正确辨别，也须待实地搜查。在日本福冈县浮羽郡福富村，有老树一株，已经三百余年，恐是日本最早的温州母树。温州蜜柑在日本柑橘园艺上，栽培最广，也有特殊的原因。”又总结温州蜜柑有果形良好、风味卓绝、皮软无核、丰产易栽、适合时好、便于贮藏、不择风土等优点，分原来种、池田温州、尾张温州、早生温州、平温州、伊木力温州等六大产地。

关于夏诒彬生平介绍，目前所见不多,《浙江民国人物大辞典》也未收录。查一九三一年《农业周报》第一卷第十八期“农界人名录”有篇简介，可作补白:“夏诒彬字孟实，浙江平阳人，年三十五岁。日本东京帝国大学毕业，民国十三年至十五年，浙省派赴日本静冈县兴津国立园艺试验场研究，专攻果树园艺。历任湖南长沙修业高级农业学校园艺主任、商务印书馆农业书籍编辑、北平大学农学院园艺教授。现任商务印书馆农业组主任编辑。著有《种兰法》《种菊法》《种桑法》《种葡萄法》《花卉盆栽法》《肥料学》《土壤学》《最新柑橘改良栽培法》,在排印中者有《花坛敌艺》《乡村师范农业》等书。"《花坛敌艺》似有手民之误，应是商务印书馆一九三三年十二月出版的《花坛》，但夏诒彬于一九三二年因病去世，未能亲见是书问世，令人唏嘘。

二〇一八年八月十九日

国民军事学

一九三一年九一八事变后，上海大东书局迅速将最近和即将出版的《欧美各国青年军事训练和国家总动员》《国民军事学》《国防与物资》《军事学问答》四书列为“军事训练用书”，打出“抗日救国，人人应读”的口号，在《申报》《大公报》《新闻报》《生活周刊》等报刊广而告之，以普及国防、军事训练方面的知识，顺应形势发展需要。正如《国民军事学》之《编辑大意》指出：“目前列强各国，自从欧洲大战以后，受着巨大的教训：知道以后的战争，非统治阶级间的战争；也非帝国主义巩固自身间的战争。完全是由于国民自身生存问题的战争。因为这样的目的，所以国民对于本国受列强的侮辱发生利害冲突时，须具有军事学识，并强健体力，用国民的集团去抵抗他，方不致沦于失败的地位。所以国民对于军事学识，须有充分的训练，

◎　国民军事学（精装本）

石铎
大东书局
一九三一年十月三版
1/32　13.5×19.3cm

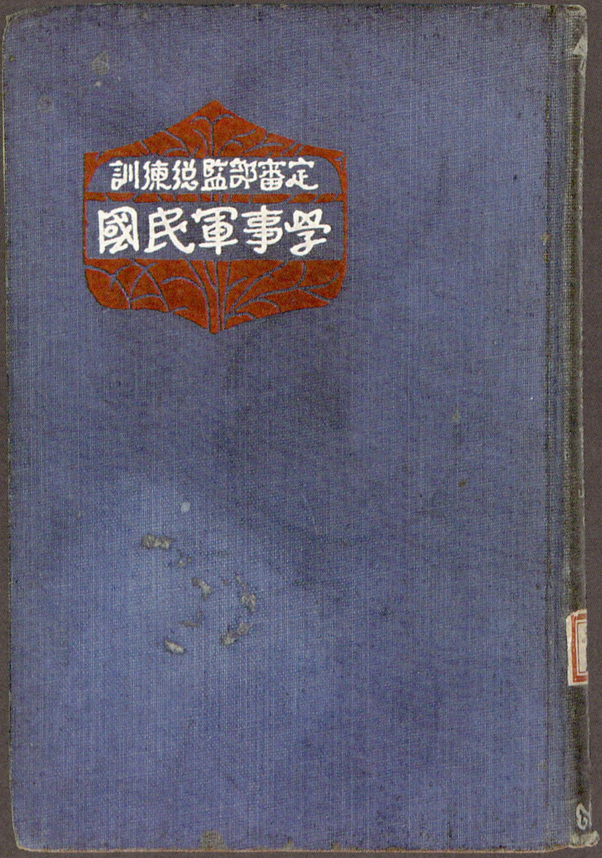

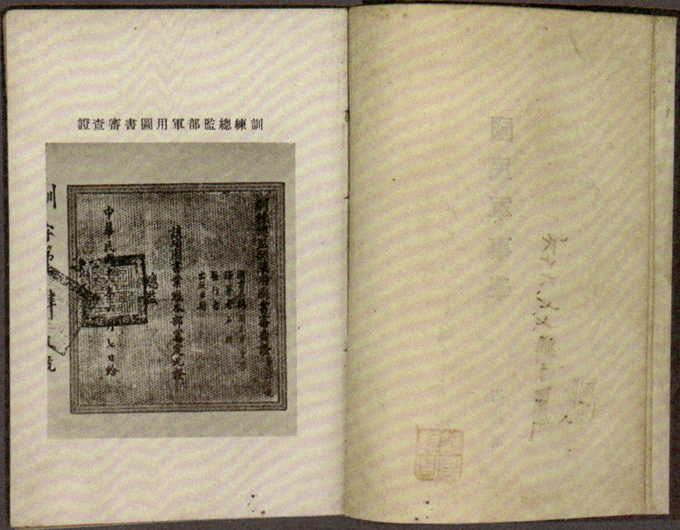

訓練總監部軍用圖書審查證

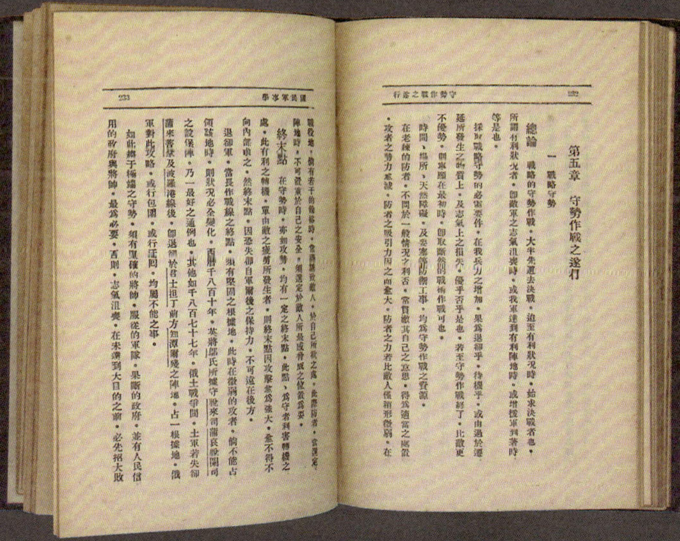

第五章　守勢作戰之遂行

一　戰略守勢

總論　戰略的守勢作戰，大半先避去決戰，迨至有利狀況時，始求決戰者也。所謂有利狀况者，即敵軍之志氣沮喪時，或我軍達到有利陣地時，或增援軍到著時等是也。

採取戰略守勢的必需要件，在我兵力之增加，果為退卻乎，待機乎，或由過於遷延所發生之時間上，及志氣上之損失，優乎否乎是也。若至守勢作戰終了，比敵更不優勢，則寧願在最初時，即取斷然的戰術作戰可也。

時間、場所、天然障礙，及要塞築城防禦工事，均為守勢作戰之資源。

在老練的防者，不問於一般情況之利否，常貫徹其自己之意思，得為適當之處置。攻者之勢力衰減，防者之吸引力因之而益大，防者之力若比敵人僅稍形微弱，在

戰役地，倘有若干的餘裕時，常誘致敵人，於自己所欲之處，此際防者，當選定陣地時，不可徵重於自己之安全，須選定於敵人所最感脅威之位置為要。

終末點　在守勢時，亦如攻勢，均有一定之終末點，此點，為守者利害轉機之處，此有利之轉機，單由敵之疲勞所發生者，則終末點因攻擊愈為強大，愈不得不向內部求之，然終末點，因恐失卻自軍爾後之保持力，不可遠在後方。

退卻軍，當長作戰線之終點，須有堅固之根據地，此時在微弱的攻者，倘不能占領該地時，則狀況必全變化，西曆千八百十年，英將鄔氏所據守殺來司蒲長般關司之設堡陣，乃一最好之通例也，其他如千八百七十七年，俄土戰爭間，土軍若失卻蒲來審及波羅港線後，即退卻於君士坦丁前方知濟爾殘之陣地，占一根據地，俄軍對此攻略，或行包圍，或行迂回，均屬不能之事。

如此處于極端之守勢，須有堅確的將帥，服從的軍隊，果斷的政府，並有人民信用的政府與將帥，最為必要，否則，志氣沮喪，在未達到大目的之前，必先招大敗

正确的了解！”

上述四种书，除《国防与物资》为厉尔康所著，其余《欧美各国青年军事训练和国家总动员》《国民军事学》《军事学问答》三书均为石铎作品。

石铎字宗素，生于一八八〇年，温州近代早期留日学生。其留学时间和就读学校，说法不一。据自传稿，乃一九〇〇年赴日留学高等师范，初入东京宏文书院（即弘文学院），后决定学陆军，转入东京成城学校，再就读于陆军士官学校。一九〇九年学成回国，先后任清室禁卫军队官、营长，浙江陆军学校校长，保定军官学校第一期战术教官，浙江陆军第一师参谋、参谋长，浙江陆军第一师第一旅旅长，国民革命军第十九军第二师师长，南京陆军军官学校办公厅主任，安徽陆军测量局局长，南京中央陆军步兵学校研究委员，南京国民政府训练总监部参事、陆军少将，成都中央陆军军官学校军官教育队副队长，陆军大学兵学研究院研究员等职。一九四五年退役后，定居上海。新中国建立后为上海徐汇区政协委员、上海文史馆馆员。一九六〇年去世，享年八十。

《国民军事学》为训练总监部审定，书里还附有一张训练总监部军事图书审查证照片，以示权威。可能是获得了官方认可，销路大增，短时间内多次印刷。一九二九年九月初版，一九三〇年三月再版，一九三一年十月三版。是书内容梗概，一九三一年二月《现代学生》第一卷第五期如是介绍："本书依照欧战后最新的学识编辑，内容充分详尽，是军事学中唯一的名著。第一编'国防之原理'，对于军事、国防、国力、战略战术定义、战争与外交等各章，都分别作详细的指说。第二编'国防各机关'，则将兵力的要素、海陆空三军的分布、交通筑城的支配，亦均有正确的叙述。第三编'国防各机关之用法'，如将官及统帅、行军宿营输运、攻势作战、守势作战、会战、夜战、航空战、海上作战、要塞战、兵站等种种，式式皆条分缕析，一一说明，读了可以明白国防的真谛、作战的方略。凡军事学的要义，都可从这书里加以相当的认识。"

不过，当时研究国民军事学，并非石铎最早，他的同学蒋百里一九二四年、一九二五年就已在《武铎》

发表《国民军事学》两讲，一讲旨趣，二讲解题，“曰何者为国，曰何者为国民，曰何者为国民军事，曰何者为学”，惜于“战争军制精微之理论”未及展开，没有系统成书。对于石铎求序，蒋百里显得很大方：“此亦谈兵民制之一部，所谓图军事智识普及者，兼及新军制之先声也。”

二〇二〇年二月四日

几何学 ABC

世界书局在一九二八年开始陆续出版了一套“ABC丛书”。主编徐蔚南说，刊发这套丛书的目的有二：一是“要把各种学术通俗起来，普遍起来，使人人都有获得各种学术的机会，使人人都能找到各种学术的门径”；第二“要使中学生、大学生得到一部有系统的优良的教科书或参考书”。这套丛书比同类商务印书馆的“万有文库“早一年发行，抢得先机，颇有影响。“ABC丛书”前后出版了一百五十多种，其中《几何学ABC》乃吾温王剑生所著。

王剑生，一九〇九年生，名沉，以字行，瑞安城关人，毕业于上海江南商学院，曾任《人民周报》《今报》《阵中日报》等报社编辑，并在瑞安中学教过国文。一九四六年去世，只活到三十七岁。据《瑞安市志》载，王剑生是位敢说真话的报人。其文针砭时弊，很受欢

◎ 几何学 ABC

王剑生
世界书局
一九三一年二月初版
1/32　13×18.8cm

迎，曾在报上批评县长吕律的丑恶行径，轰动一时。从王剑生的职业来看，简直和数学毫不搭界，但就是这么一位和文字打交道的人，偏偏写出一本《几何学ABC》，如果不是真正对数学有所爱好，甚至有所研究，是难以下笔的。

《几何学ABC》出版于一九三一年二月，内容有《绪论》《证明》《点》《线》《面》《体》《结论》等七章。自序称“这本《几何学》，是初步的说明，暂且把时间搁起不说，仅取空间的部分来讨论”。这“时间”是爱因斯坦针对欧几里得的“空间”提出的。爱因斯坦说，“欧氏的空间是仅从长、阔、厚三度构成，现在再加入时间，成四度的世界，因超几何学不仅限于三度，可由四度、五度、六度以至于无穷度”。此乃爱因斯坦相对论的立足点，可见作者的视野。虽然不能与苏步青《微分几何学》之类的深奥著作相比，但此书的定位是通俗学术读物，要求显然不能过分专业。而且此书写于一九二九年，王剑生大概还在上海读书。一位大学生写出一本《几何学》，不能不令人刮目相看，或许可以为温州是“数学家之乡”添一条注释了。

《瑞安文史资料》第十辑一篇介绍王剑生的文章，提到商务印书馆曾出版王剑生的《几何学概论》，检索各图书馆数据未见有藏，可能就是这本《几何学 ABC》吧。还说，王剑生翻译了《赛珍珠》，在报纸上连载，却没有提何时何报，否则可查一查。并言与鲁迅、郁达夫、许钦文等有来往，不知有何依据。与鲁迅有过交往的胡今虚写过《与鲁迅先生有交往或接触的瑞安人士》，不仅没有提到王剑生，反而对人说王剑生编《人民周报》时属民族主义文学派，后堕落为法西斯主义分子（见一九八六年第二期《广西大学学报》载谢德铣《鲁迅致胡今虚信三封简述》，据作者说该文经胡今虚亲自过目订正）。据说，王剑生因长期昼夜颠倒工作，靠纸烟提神，加上生活清苦，营养不良，导致患肺结核吐血而死于报社，真是悲惨。

二〇一三年九月二十三日

西洋十九世纪之教育家

上世纪三十年代商务印书馆出版的师范小丛书中，有好几种温州人著作，如周予同的《中国学校制度》、高觉敷的《教育心理学大意》、姜琦的《欧战后之西洋教育》。最近所购陈博文《西洋十九世纪之教育家》，也是其中一本。这几种书原先都收在万有文库中，后又列入师范小丛书中重版。

《西洋十九世纪之教育家》，万有文库本出版于一九三一年四月，师范小丛书本一九三四年五月初版，一九三五年四月再版。我所得为师范小丛书初版本，连邮资只费三十五元，甚廉，且品相颇好，钤有原藏者蔡希廉印。是书共十二章，首章为绪论，介绍十九世纪西方教育界的两种思潮，新人文主义和实证主义。余十一章，介绍此两种思潮的代表人物，依次为康德、裴斯塔洛齐、斐希特、士来厄马赫、黑智尔、札科托、

◎　西洋十九世纪之教育家

陈博文

商务印书馆

一九三四年五月初版

1/32　13×19.1cm

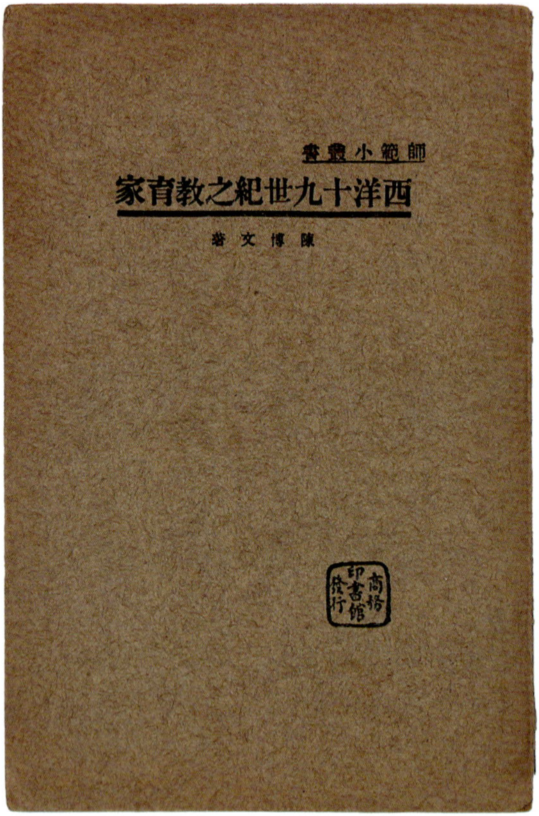

赫尔巴特、福禄培尔、梅因、纳斯钦、斯宾塞。

据《浙江图书馆志》，陈博文（一八九六—一九八九），名绶章，江苏无锡人，一九一〇年迁居温州。一九二三年毕业于国立北京大学法科经济系。后任上海商务印书馆编译所编辑，杭州高级中学教务主任、代理校长，浙江教育厅秘书、首席督学，省立衢州中学校长。一九四五年一月到一九四九年七月任本馆馆长。后在北京自然博物馆工作。

陈博文的祖籍虽非温州，但在温州长大、读书。一九一五年十二月，毕业于浙江省立第十中学，与梅思平、高觉敷、郭心崧等同年。一九一九年七月，姜琦、郑振铎、马公愚等在温发起成立永嘉新学会，陈博文任书记。一九二〇年四月，周予同、郑振铎、叶溯中等在北京创办《瓯海新潮》，主要销往温、处两府，温州城内主持人为陈博文。在商务印书馆时，他与高觉敷同事，共同参与编辑《教育大辞书》等。浙江图书馆馆长任内，与玉海楼藏书擦肩而过。孙孟晋本将玉海楼藏书交与浙图收藏，但陈博文没有接手，理由是“乏于资，不能保管”，后孙孟晋将所藏捐献给浙江大学。时任浙大校长竺可桢一九四七年十月二十二日日记记有此事。与郑振铎的交往，亦一直未断。郑振铎一九四八年三月日记提及到浙图找陈博文、过陈家一起喝酒等事。以上种种，可见陈博文和温州关系密切，与郑振铎一样，应算温州的一分子。

陈博文的著作都在商务印书馆出版，除《西洋十九世纪之教育家》外，还有《东三省一瞥》（一九二四年八月初版）、《山东省一瞥》（一九二五年十二月初版）、《甘肃省一瞥》（一九二六年三月初版），以上列少年史地丛书；《中日外交史》（一九二八年五月初版）、《中俄外交史》（一九二八年十一月初版），列新时代史地丛书，后又收入万有文库，均一九二九年十月初版；《湖北省》（一九三四年二月初版）、《甘肃省》（一九三四年二月初版），列小学生文库，亦有再版本。其中《中日外交史》，夏鼐曾撰文评论，指出其分期不当、条理不清、叙述不确等纰漏。

二〇一三年二月二十一日

国际问题

温州龙湾下垟街高原张氏家族世代书香，自清代张振夔以来，学人辈出，成就突出的有：张肇骞，植物学家，中科院学部委员；张鸣镛，数学家，厦门大学数学系教授；张淑仪，物理学家，南京大学教授、中科院院士。《国际问题》一书作者张肇融是张振夔曾孙，兄弟四人皆一时才俊。大哥张肇麟十三岁中秀才，后致力于教育事业，曾创办永嘉县立第二高等小学；二哥张景飞精通医术，担任过瓯海医院院长；三哥即张肇骞。从张家子弟研学经历来看，偏于理工科，张肇融则走了一条不同的路。

张肇融字季良，生于一九〇五年，早年就读于浙江省立甲种农业学校，张肇麟希望他学农业，但张肇融后升入东南大学，改学政治。在校期间，组织极光社，创办《极光》杂志，并在《革命评论》等报刊发表如《今

◎ 国际问题

张肇融
新生命书局
一九三二年十二月初版
1/32　15.3×21.9cm

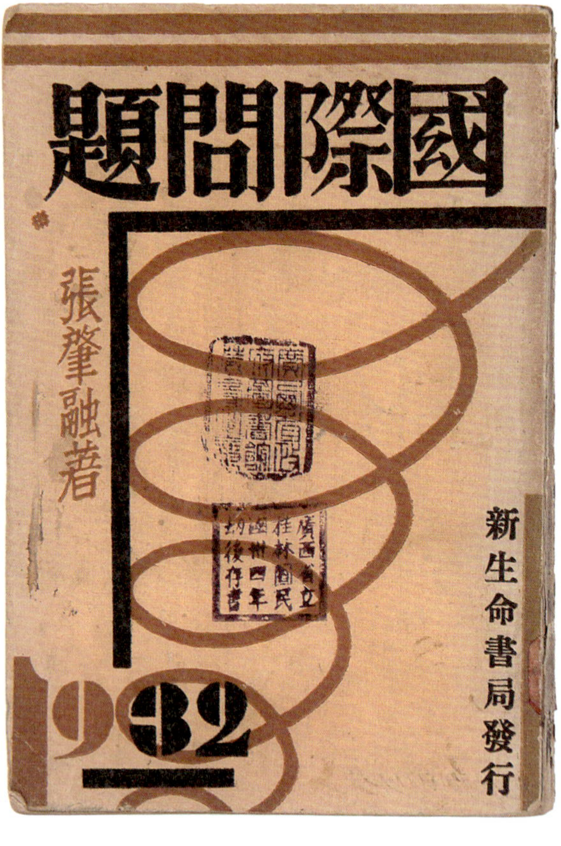

后国民党新生机》之类的政论文章。

大学毕业后，张肇融在江苏省立南京中学、徐州中学、安徽中学等校从事教学工作。

一九三二年，转任于国民党军事委员会政训处编审科，《国际问题》即在此时脱稿。

是书新生命书局一九三二年十二月初版，扉页书名由于右任题写，全书分《世界经济与国际政治的剖析》《列强外交政策与国际纷争概观》《巴黎和会与世界和平问题》《国际联盟与国际协作问题》《华盛顿会议与远东问题》《基诺亚会议俄德协约问题》《洛桑会议与近东会议》《洛加诺会议与德法间安全保障问题》《赔款会议与欧洲经济改造问题》《裁军会议与国际安全问题》十章，厚达五百多页，所列中外参考文献就有八十来种。当时中日关系已趋于紧张，张肇融在最后一章讨论国际安全问题时指出："由上可知帝国主义为着日益迫切的战争，必然地要尽量扩充军备。他们虽能拿出什么军缩会议的招牌，终久是掩饰不了的，反而暴露出他们的狐狸尾巴、凶残面孔。现在我们要唤起民众，组织民众，赶快来葬送了这矛盾百出、行将没落的帝国主义！尤其是我们中国人，在这暴日的炮声中，要组织起来，首先打倒日本帝国主义。”

一九三三年，郑州扶轮中学聘张肇融为教务主任。

一九三五年，张肇融回南京主编《国衡》半月刊，并在上面发表了《大战前夕中国之自力更生运动》《非常时之中国政治》《第二期革命的使命》等文章，讨论政治经济体制及政策，以唤起民族意识。

《国衡》停刊后，张肇融经人介绍，担任陆军交通辎重学校上校教官。不久，该校分为陆军机械化学校和辎重兵学校，张肇融任辎重兵学校政治部主任，并随校辗转于湖南长沙、广西全州、贵州龙里等地。其间，又出版了两本著作。一为《弱小民族与国际》，一九三六年三月正中书局出版，综述当时国际形势和殖民地弱小民族的独立运动，“意在探讨大决斗前夜殖民地和国际的关系”。二为《总理遗教》，一九三九年由辎重兵学校印行。

一九四〇年后，张肇融调任第六战区司令部主任秘书、少将参议，中国远征军司令部少将参议，三民主义青年团中央团部编审室秘书等职。一九四六年，三青团中央团部迁回南京。张肇融回乡探亲,不想病倒,休养半年。一九四七年五月，赴宁任国民党中央宣传部第二处处长。不到两个月，中宣部减员，张肇融被解职。他回乡重执教鞭，任永嘉县立中学外国史教员，直至新中国成立。

一九五一年“镇反”，张肇融当然在“镇”之列，据说在当地老百姓的请求之下，有关部门认定他虽为国民党高官，但是抗日有功，又是文官，没有血债。不知就是这个理由，还是别有内幕，张肇融最终被释放回家，平安无事。而他的老乡王超凡、王荣年就没有这样幸运了。从此，张肇融过上了农民生活，并当选为永嘉县第二届人民代表大会代表和温州市第三届人民代表大会代表。

晚年，张肇融随子女生活在外地，一九八二年逝于大连。

张肇融一生跨越教育界、学界、军界，新中国成立前夕没有随国民党撤退到台湾，而是弃官返里，历次运动中躲过数劫，得享天伦之乐，可谓经历传奇，福报不浅。只是介绍张肇融的文章并不多见,查王璞《张肇融先生事略》、张辉《下垟街走出来的爱国少将张肇融》最为详实，本文即参考张王两文而成。

二〇二〇年一月三十日

大地测量学

年前周振鹤先生应温州市图书馆来温演讲之际，有幸陪同前往乐清桃源书店淘书。周先生是老收藏了，眼光犀利，不一会儿就检完一架书，又上仓库看了看，挑出五六种问价，最后买下《地学启蒙》《说文管见》《南雄珠玑巷》《模范英语新字典》四种。而我只找到这本《大地测量学》，周先生奇怪我怎么会要这本书。他笑着说，年轻的时候曾学过测量，如果现在失业了，还能靠这门手艺赚钱吃饭。我回答，测量学可不懂，买这本书仅仅因为作者是温州人。

所得《大地测量学》为南京钟山书局民国二十三年十月再版本，作者系平阳张树森。我曾藏有他的另一本著作《平面测量学》，是钟山书局民国二十一年九月初版本，但封面掉了，原藏者贴了张宣纸上去，所以才又买了这本品相好多了的《大地测量学》，本来这

◎ 大地测量学

张树森
钟山书局
一九三四年十月再版
1/32 13.3×18.6cm

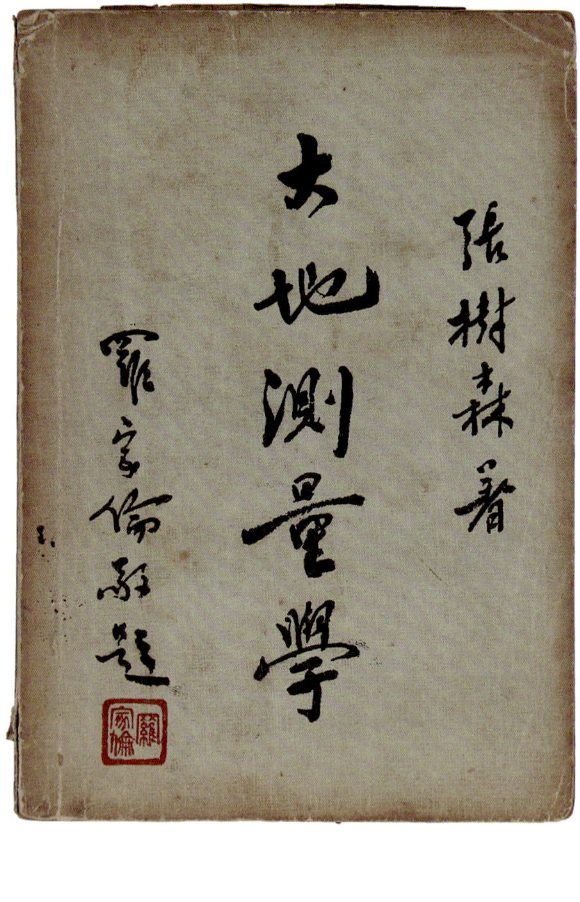

类书同一作者买一本著作就够的。

《平面测量学》虽品相略逊一筹，但自有妙处，是书封底印了钟山书局的开幕广告，这让我了解到了该书局的一些情况：常务董事为张其昀、缪凤林、倪尚达、罗廷光、沈兴玙，赞助人有王琎、竺可桢、吴宓、柳诒徵、胡刚复、汤用彤、秉志、郑晓沧、胡先骕；书局出版读本、丛刊、地图、杂志等系列，读本分大学、高中、初中三种，如高中读本之《国文选》《英文选》《本国史》《本国地理》《世界地理》、大学读本之《中国文学史》《中国通史》《无线电学》《平面测量学》，丛刊列了《作史法》《读史法》《人地学论丛》等书目，杂志则为《国风》半月刊。

《大地测量学》书名由罗家伦题写，除沈祖伟、沈百先为之作序外，又有作者自序，云“方今革命告成，定边界、均地权，诚为当务之急。第地非平直，以我国疆域之大，舍曲度无以计面积，非经纬难以定位置，是大地测量之为用尤亟……环顾国内，学测量者有几，人才缺乏姑不具论，则坊间竟无大地测量专书”，故费两年时间，辑成此书。全书分三角测量、天文测量、水平测量、地图画法四编，共二十二章，另插图百余张、表格十多张。

关于此书作者张树森的资料好像不多，可能只有《平阳文史资料》第十六辑一篇张志正的文章作过专门介绍。

张树森字挺三，一八九七年出生于平阳山门镇大岙村（《浙江省测绘志》张树森条记为一八九八年生），少年时就读于山门致用学堂、平阳高等小学堂，后考入浙江省立第十中学。毕业后，入江苏河海工程高等专科学校学习。学成后本有机会赴日留学，无奈家境贫寒凑不齐费用，只好放弃，随后在福建等地从事水利工作。一九二七年，转任中央大学教职，教授测量学，《平面测量学》《大地测量学》即为当时所编教材。一九三七年南京沦陷前，为躲战事，离开中央大学避居山门。直至一九四〇年，为拒时任平阳县长张韶舞的拉拢，赴浙江大学龙泉分校任教，不久转至浙大贵州遵义本部。抗战胜利后，随浙大回迁杭州。一九四九年后，张树森任浙大土木系主任，至一九七〇年退休。

据上述张志正文，张树森对家乡教育事业很是热心。一九四二年回老家探亲之际，参与筹办平阳县私立南雁战时初中补习学校。一九五〇年，捐献自家田地和钱粮，资助创建大岙小学。

竺可桢、夏承焘日记记有张树森在浙大事。一位叫戚叔纬的学生后来亦曾回忆张树森在龙泉分校上课的情形：“张树森教授教我们测量学一课，一个学期，两个学分。张师是土木系著名平面测量和大地测量课程的教授，他亲自出马来教我们外系课，使我们很感荣幸，闻他以从严治教著称。这门课学时少，内容多，而且每周还有半天测量实习，没有学分。我们做过使用罗盘仪、平板仪和经纬仪的平面测量，常在大操场和曾家大院的房前屋后打转，使用过水平仪做等高线测量时，常沿着一部二部之间的丘陵地带来回转。实习课张老师亲临‘督阵’，安平仪器、扶标竿直至小到手势之类的小动作，必须严格。”

张树森是中科院学部委员，于一九八四年去世，其著作除《平面测量学》《大地测量学》，还有《最小二乘法》《实用天文测量法》《测量学》等。

二〇一四年二月十一日

意德土访问录

一九三四年春夏之交，刚刚在国民党中央担任电影事业主管的张冲奉命访问欧洲，同行有张北海、罗学濂、许绍棣等人。关于这次考察，张冲曾在《德意印象的一班》（刊于《正中》半月刊一九三五年第一卷第四期）一文中提及行程："是由海程先到意大利，由意大利到土耳其，在土耳其住了三个星期以后，就由巴尔干半岛到德国柏林。在德国住了一个半月以后到荷兰、英伦等处，最后经巴黎又回到意大利，取道回国。"回国以后，张冲曾将欧游经过著述发表，并到南京一些大学公开演讲多次。现查到发表的相关文章有《意大利的党治精神》《土耳其银行事业在共和国成立后之发展》《德意印象的一班》等。张冲一行所撰考察报告则于一九三五年九月由正中书局出版，题为《意德土访问录》，上下两册。这是目前能找到的张冲结集出版

◎ 意德土访问录

张冲 等

正中书局

一九三五年九月版

1/32 13.2×18.8cm

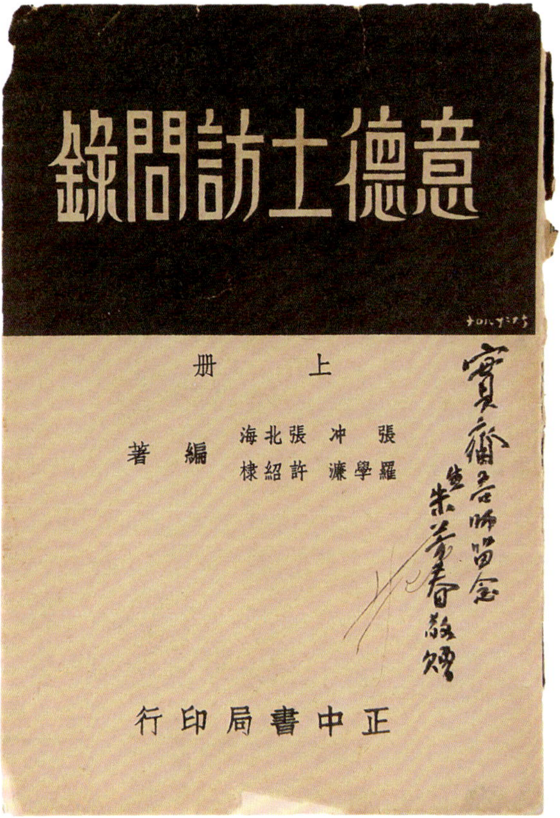

的唯一著作。

《意德土访问录》主要介绍意、德、土三国之政治、经济、文化体制及相关组织等，上册偏重总体介绍，分“党的组织”“党对生产群众之运用”“党青年教育之关系”“党军组织及其运用”“党的社会文化运动”“土耳其一般之观察”等章节，下册以个案为主，分“意大利政治警察组织”“德国国家政治警察局组织”“土耳其君士坦丁堡警察组织”“意大利党军”“普鲁士警察（摘译）”等，可见张冲一行的考察内容。

在意大利，张冲曾拜访墨索里尼。他在《德意印象的一班》提到：“当我要离开罗马回国的时候，他曾约我去谈话，我那时便和驻意刘大使文岛同去见他。他住的屋子，有四百年之久的历史，已经破旧不堪了。在地板上走的时候，发出很大的响声。地板上没有地毯铺着。他住的地方又不分会客室和办公室的，只一间屋子。墙上也没有什么画片或照片之类的东西，只挂了些宝剑刀枪等等的古代武器，这因为墨索里尼首相最注意体育与击剑的缘故。办公室陈设极为简单，只有一桌一椅，客人多的时候，那只有站着谈话，桌上也只有一支铅笔，一杯开水。这种情形，倘若给任何人看见了，都不会以为是国家元首居处的地方吧。试看其他国家元首居住的地方，真是多么富丽堂皇啊！这是就墨索里尼首相的生活而说的，其实，就他为人的态度而说，也是异常忠厚的，诚恳的。骤看上去就像是乡下进城来的农人一般，皮肤非常憔黑，但他对于任何人都是开诚布公，不用什么手腕……”张冲认为，“一般人均以为墨索里尼是个怪杰，是个跋扈的人，这实在是错误的”，这与我们平常所得的墨索里尼形象多么不同。张冲在有限的时间匆匆会面，对墨索里尼的认识难免肤浅，称其“异常忠厚”“诚实”是否符合墨索里尼的本质，值得怀疑。

《意德土访问录》似不多见，寒斋只藏有上册，查河北师范大学图书馆藏有上下册。

二〇二〇年一月二十六日

育儿法

《育儿法》，黄问羹著，正中书局一九三六年三月初版，女子与家庭丛书之一种。精装本，封面上的书名是美术字，当中一幅装饰画，戴礼帽的女子拿着一本书，金、橙为主色调，鲜艳亮丽，设计讲究，给人以亲切感。这幅装饰画,我猜想是某位日本画家的作品。绿色皮制书脊，书名、出版社烫金，还加一个线框和一条曲线装饰，颇为用心。这样的封面设计今天看来也是很美的,可惜再版时,即一九四七年十一月沪一版,改为平装，封面设计只保留了原来的美术字书名，虽然朴素大方，但失去了内容所蕴含的温馨之感。

此书内容分为五编，其《编辑大意》曾作介绍:“第一编为‘保育概说’，专论小儿生理的发育状态，使读者明了婴儿身体上及精神上之状况。第二编为‘乳儿养育法’，分营养、养护、教育三项言之，而特详营养、养护二项。第三编为‘幼儿养护法’，亦分营养、养护、教育三项，而于教育一项，特加详述。第四编论‘体质异常小儿之养护方针’，以矫正向来父母者教养之错误。第五编‘小儿病’，略述小儿一切疾病之症候、预防、看护等方面，供给一般家庭，以防病护病之常识。此外与养儿法有关之妊娠、产褥及家庭救急法三项，则本丛书中已有《女子卫生》及《家庭医学》二册之编著，本书无庸再赘，以免重复。”

在《编辑大意》中，作者还提到编著此书的出发点：“育儿方法，吾国尚乏专门著述，坊间虽有出版，亦嫌略而不详；本书参考东西洋书籍，根据小儿科原理，斟酌社会情形，适合实际需要编成；故取材务求平实，立说不嫌详尽，以期适合于一般家庭之实地应用。”并附录了十二种参考用书，其中十种为日本人著作，这与作者求学经历有关。

黄问羹，名曾燮，一八九五年生于瑞安名门，祖父黄哲人与黄体芳的父亲黄吉人是亲兄弟。中学毕业后，留学日本，就读于千叶医科大学。据他儿子黄宗南的回忆文章，黄问羹学成后，留在千叶医院做过研

◎ 育儿法（精装本）

黄问羹
正中书局
一九三六年三月初版
1/32 13.2×19.2cm

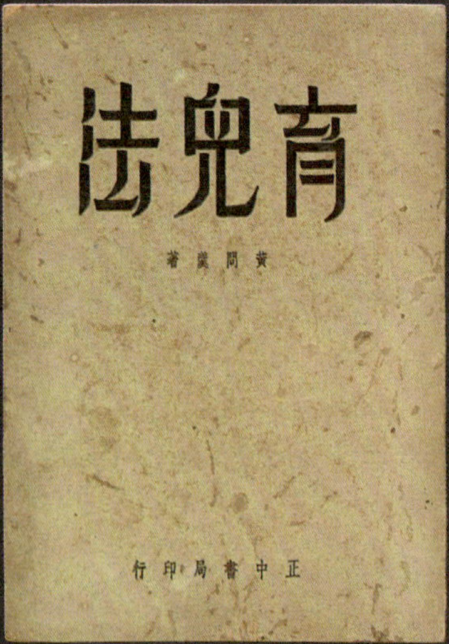

◎ 育儿法

黄问羹
正中书局
一九四七年十一月沪一版
1/32 12.8×17.9cm

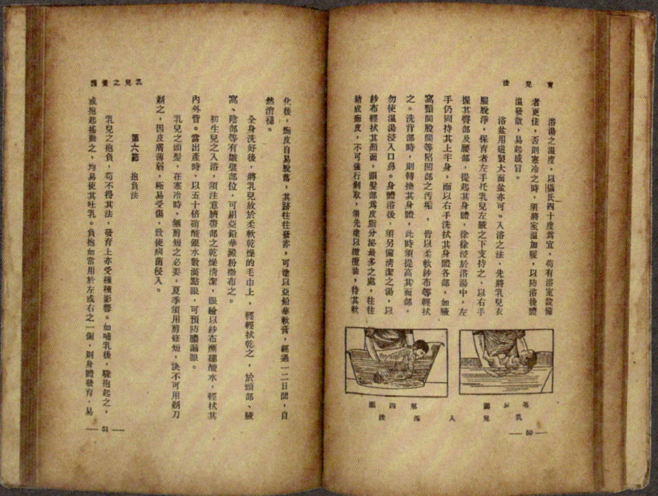

育兒法

浴湯之溫度，以攝氏四十度爲宜，苟有浴室設備者更佳，否則寒冷之時，須將室溫加暖，以防浴後體溫發散，易起感冒。

浴盆用磁製大面盆亦可。入浴之法，先將乳兒衣服脫淨，保育者左手托乳兒左腋之下支持之，以右手握其臀部及腰部，提起其身體，徐徐浸於浴湯中，左手仍固持其上半身，而以右手洗拭其身體各部，如腋窩頸間股間等陷凹部之汚垢，皆以柔軟紗布等輕拭之。洗背部時，則轉換其身體，此時須提高其面部，勿使溫湯浸入口鼻。身體浴後，須另備清潔之湯，以紗布輕拭其顏面，頭髮部爲皮脂分泌最多之處，往往結成痂皮，不可強行剝取，須先塗以橄欖油，待其軟

第三圖　第四圖

乳兒入浴法

— 50 —

乳兒之養護

化後，痂皮自易脫落，其跡往往發赤，可塗以亞鉛華軟膏，經過一二日間，自然消褪。

全身洗好後，將乳兒放於柔軟乾燥的毛巾上，輕輕拭乾之，於頸部、腋窩、陰部等有皺襞部位，可用亞鉛華澱粉撒布之。

初生兒之入浴，須注意臍帶部之乾燥清潔，眼瞼以紗布蘸硼酸水，輕拭其內外眥。當出產時，以五十倍硝酸銀水數滴點眼，可預防膿漏眼。

乳兒之頭髮，在寒冷時，無剪短之必要，夏季須用剪修短，決不可用剃刀剃之，因皮膚薄弱，極易受傷，致使病菌侵入。

第六節　抱負法

乳兒之抱負，苟不得其法，發育上亦受種種影響。如哺乳後，驟抱起之，或抱起搖動之，均易使其吐乳。負抱如常用於左或右之一側，則身體發育，易

— 51 —

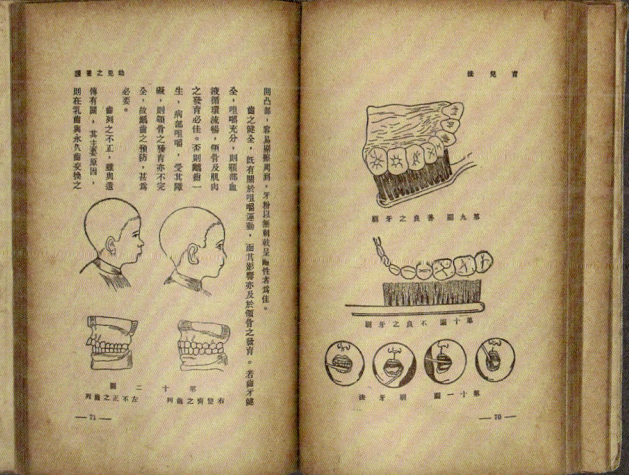

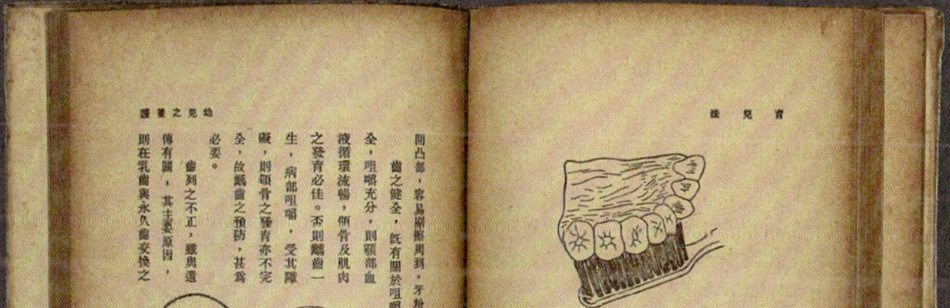

育兒法

第九圖　善良之刷牙

第十圖　不良之刷牙

第十一圖　刷牙法

— 70 —

幼兒之養護

間凸部，容易刷擦周到，牙粉以無刺戟呈鹼性者爲佳。

齒之健全，既有關於咀嚼運動，而其影響亦及於顎骨之發育。若齒牙健全，咀嚼充分，則顎部血液循環流暢，顎骨及肌肉之發育必佳。否則齲齒一生，病部咀嚼，受其障礙，則顎骨之發育亦不完全，故齲齒之預防，甚爲必要。

齒列之不正，雖與遺傳有關，其主要原因，則在乳齒與永久齒交換之

第十二圖

右整齊之齒列　左不正之齒列

— 71 —

究工作，后返国。先在山东公立医学专科学校任教，一九二五年回温受聘于瓯海医院。当时金嵘轩对他说，留学日本学成，应回乡为老百姓治病、服务。在瓯海医院，先是担任内科主任，不久升任院长。因业务开展顺利，黄问羹提出不再接受医院董事长黄群给他的每月两百元津贴。此后还一度在浙江省立医药专门学校、江西省立医学专科学校等任教。抗战胜利后，创办过杭州长生医院、温州平安医院。新中国建立后，担任省立温州医院（现温州医科大学附属第一医院）副院长，兼任省立温州医院附设高级医事职业学校（即今温州卫校）校长。黄问羹医术高明，当时外界传言温一医“外科有林镜平的手术刀，内科有黄问羹的听诊器”。一九七六年去世。

二〇二〇年一月二十八日

中国正史编纂法

《中国正史编纂法》，董允辉编著，正中书局一九三六年十月初版，史地丛刊之一。我之所得为史学家赵贞信旧藏，除钤有印章外，对书中误植之处还作了订正，因此卖家不肯让价。

这本书只六十来页，薄薄的一册，分绪论、资料、整理、体例、叙述、附录六章。书前有篇《自序》，谈到编著此书的缘起："顾每叹我国自汉晋已还，史籍著录，其量果丰，然若求真正史家，恐自司马迁、班固、荀悦、杜佑、刘知几、司马光、袁枢、郑樵、章学诚外，无多人也。至于'史评'之书，亦仅有刘之《史通》、章之《文史通义》而已。近人梁启超始作《中国历史研究法正补编》，惜所述范围宏阔，且未周详；而于正史之编纂，尤不之及。故余辄搜采先儒之论作史方法者只字片言，亦不少遗。积之既久，方加整齐，区别

◎　中国正史编纂法

董允辉

正中书局

一九三六年十月初版

1/32　15.3×21cm

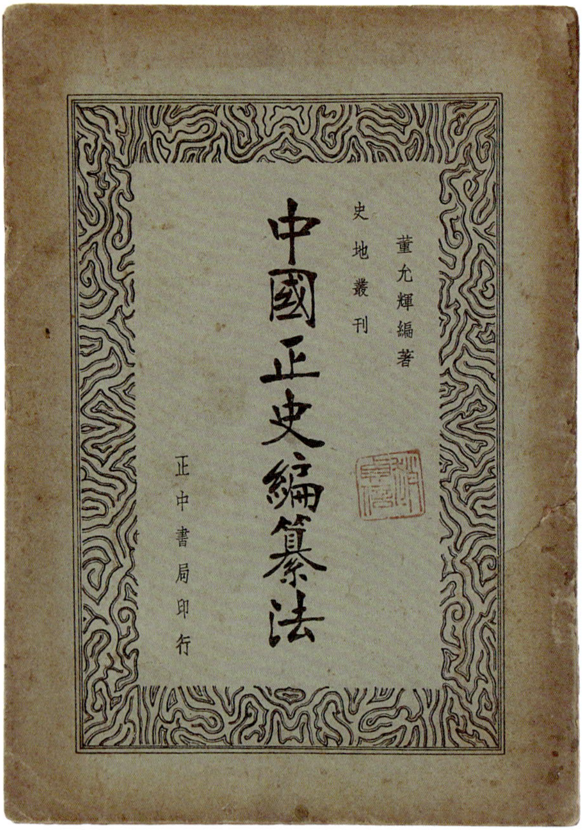

类族，熔铸成文，复参己见，为之申说。夫法既尽于此，则后日修史之人，得有规矩，便于纂辑，庶免再检他书之劳矣。”

董允辉，字朴垞，号敬庵，温州瑞安人。一九〇二年生，少有才名。一九二二年瑞安中学毕业后，考入浙江省公立工业专门学校，不合兴趣，转学法政。后辍学返里，担任北洋政府财政部次长的项骧闻其名，聘为家庭教师，教子女诵读古籍。时张棡访友曾邂逅持《瓯海集》而读的董允辉，印象颇佳：“听其言论是尚有志读书者，且言平日喜学古文，曾问业于林君公铎，亦见涂辙之正。”一九三〇年董允辉考入燕京大学国学研究所，师从陈垣、张尔田、顾颉刚，与白寿彝、容庚等同学。从此，“闻见乃大广”。他说：“诸氏皆以治史名天下，虽派别各殊，然法颇缜密，余遂欲继其志而专攻一部矣。”

赵贞信与董允辉同岁，差不多也在那个时期进入燕京大学引得编纂处任编辑，亦从陈垣、顾颉刚游，说起来他们是同门。但正中书局出版《中国正史编纂法》的时候，董允辉已从燕京大学毕业，在杭州高级中学任教。一南一北，估计没有什么来往。此前，董允辉曾南下厦门，在陈嘉庚创办的集美中学执教。杭州高级中学之后，还在温州中学、瑞安中学教过书，最后于一九六二年在浙江工学院教职任内退休。一九八一年离世。

董允辉在温州、瑞安等地教书，是以字行的，所以现在说起董允辉，许多人都不知道，而对董朴垞相对熟悉些。其中一个原因是他纂述的十四卷计一百二十万字的《瑞安孙诒让学记》的部分内容，在二〇〇〇年孙诒让学术国际研讨会召开之际曾作为《瑞安文史资料》第十九辑印行，地方文史爱好者经常能见到。而其他如《中国史学史》《乡邦文献集》《修学庐文稿》《修学庐日记》等均未正式出版，或以油印本刊行，或是手稿，知者甚少，见者更稀。

董允辉与白寿彝、容庚、赵贞信等同出一门，但命运截然不同，不由得令人感慨万分。

三联书店二〇一〇年十一月版《陈垣来往书信集》（增订本）收录了两通有关董允辉的信函。一是董允辉去函，约写于一九三四年四月二日。那时，董允辉燕大毕业不久，踌躇满志。既述问学志向，又向老师自荐，不卑不亢，满纸诚恳："自违麈诲，无日不驰念。冬间忽承惠贻《于文襄公手札》一册，领谢之余，因敬读尊跋，对于考据之精审，词句之清劲，更令人赞叹不置。诚以吾师之地位、境遇始得观中秘函谕也。同时生深自感想，年已过立，顾学问尚未成就，推厥原由，未免因前迫家贫，求食不能，何遑著述哉！今父债清偿，身无重累，欲乘壮盛，编纂汉史，恨为教事所羁，不得少暇。又所处偏陋，无藏书以资参证。中心惶恐，以为何时方可遂志。此生不得不求吾师援引之故。昔章学诚之见遇纪昀，王国维之见器罗振玉，皆其例也。今生虽无王、章二氏之才与识，然窃有志向焉。且学问成家，全赖机会。如日于典籍相亲近，以生之能耐苦勤奋，时久必有成绩。况生自从吾师后，既粗知考证家法，数年以来，复点完吾乡哲孙公诒让遗著，如《周礼正义》《墨子间诂》诸书，深悉孙氏著述之方。即短篇小文，亦能悟其作法，只求时间许我实践耳。伏维吾师夙以奖掖后进，乐育群才为己任，今中国学术衰歇，后辈小子能知以学问为务如生者，恐亦不多觏。乞予援助，相机推荐。生意欲于北平图书馆或母校引得处谋得一席，薪水在百元左右，即带眷住平著书以了一生。又前在厦校抄出《越缦堂日记》中所载诗词本事别为六册，并感李氏治学之诚，生愿学作此类人也。”

二是陈垣一九五四年七月五日复董朴垞函摘录：“来信收到，弟既希望入历史研究所，最好将著作及自传并愿做什么工作、能作什么工作写明白，直接寄北京东厂胡同中国科学院历史研究所第三所。如果审查核实，自然会回复你。”（此书编者不知董允辉和董朴垞实乃一人，而将两信分置两处。）从复函可知董允辉转入浙江工学院之前，有过到历史研究所工作的想法。这时董允辉已年过半百，寻找最后的归宿，可惜未能如愿。

董允辉写给陈垣的信可能不止这两封，但这两封对于董允辉来说都是很关键、很重要的。

无法到达学术研究的中央，转型不能，董允辉只能老死在江南，默默无闻。这就是他的命运了。

之所以如此，《夏鼐日记》透露了个中端倪。董允辉与夏鼐素有来往，《中国史学史》《民国史目录》等均请夏过目，《夏鼐日记》多处记有董允辉事。一九四七年十月十三日，夏鼐拜谒陈垣，谈及董允辉事："陈先生颇惋惜其乡音太重，语言不通，无法为之介绍教书工作，谓其文笔颇佳，读书用功，人亦忠厚，惟其著作如《中国史学史》之类，多为讲义式，而非专门著作，又无法介绍其做研究工作云云。"一九四八年三月二十八日日记又提到《中国史学史》书稿，"陈先生阅后颇不满意，于书头略批数处。谓余云，如此类之书，最好劝之不必刊印，反发生坏影响"。一九五〇年十月，董允辉还有电话给陈垣，要求介绍大学或图书馆，"但恐无希望"。这样看来，是陈垣并不看好董允辉的学术研究而未推荐。

但这一切恐非才学不济而能一言蔽之的吧。在那个星光灿烂的年代，要出人头地，走向成功，地域、平台等因素占有的分量比今日重得多。像董允辉这样的学者，为数应不少，如有机会让他们站在更大的舞台，成就或不至此。人生不如意事十有八九。而今，对于他们的命运只能是一声叹息了。

二〇一三年十二月二十五日

中国商业史

在王孝通诸多著作中，影响力最大的无疑是《中国商业史》。自一九三六年十二月收入商务印书馆中国文化史丛书第一辑初版以来，不断重印再版，次年就出至第五版。一九六五年一月，台湾商务印书馆重印中国文化史丛书，《中国商业史》再次出版。一九八四年一月上海书店翻印中国文化史丛书五十种，《中国商业史》自然在内，一九九二年十二月又收入该社民国丛书第四辑。一九九八年商务印书馆再版。近年来，又有团结出版社二〇〇七年版、上海科学技术文献出版社二〇一四年版、上海三联书店二〇一四年版、中国文史出版社二〇一五年版、河南人民出版社二〇一六年版等。

此外，目前还发现两种日文译本。一是平田泰吉所译，生活社昭和十四年（一九三九）五月出版；二

◎　中国商业史（精装本）

王孝通
商务印书馆
一九三六年十二月版
1/32　13.5×19cm

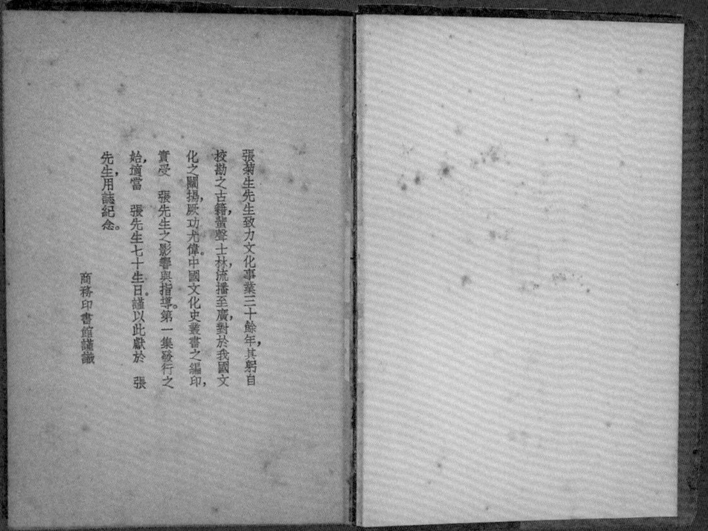

張菊生先生致力文化事業三十餘年，其躬自校勘之古籍，蜚聲士林，流播至廣，對於我國文化之闡揚，厥功尤偉。中國文化史叢書之編印，實受 張先生之影響與指導。第一集發行之始，適當 張先生七十生日，謹以此獻於 張先生，用誌紀念。

商務印書館謹識

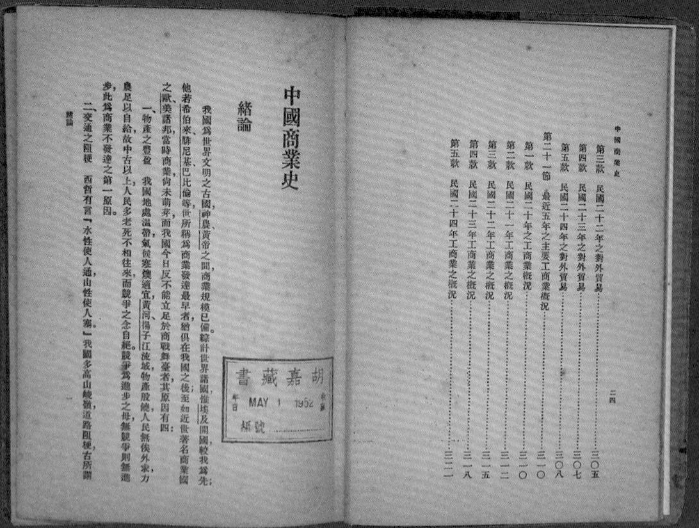

中國商業史

緒論

我國爲世界文明之古國，神農、黃帝之間，商業規模已備，綜計世界諸國，惟埃及開國較我爲先；他若希伯來、腓尼基、巴比倫等，世所稱爲商業發達最早者，猶俱在我國之後；至如近世著名商業國之歐美諸邦，當時商業尚未萌芽，而我國今日反不能立足於商戰舞臺者，其原因有四：

一、物產之豐盈　我國地處溫帶，氣候寒燠適宜，黃河、揚子江流域物產殷饒，人民無俟外求，力農足以自給，故中古以上，人民多老死不相往來，而競爭之念自絕，競爭爲進步之母，無競爭則無進步，此爲商業不發達之第一原因。

二、交通之阻梗　西哲有言「水性使人通，山性使人塞。」我國多高山峻嶺，道路阻梗，古所謂

王孝通
商务印书馆
一九三〇年十月版
1/32　11.8×17.5cm

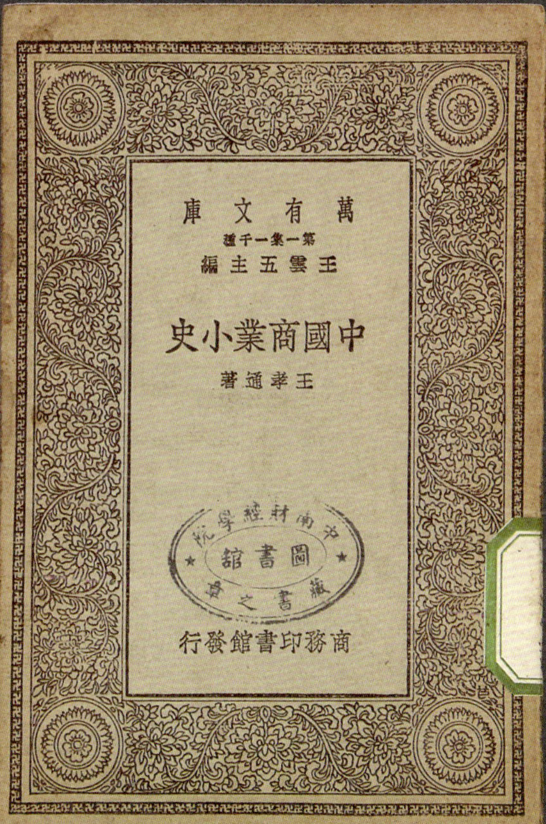

◎　支那商业史（精装本）

王孝通
生活社
一九三九年五月版
1/32　16×22.8cm

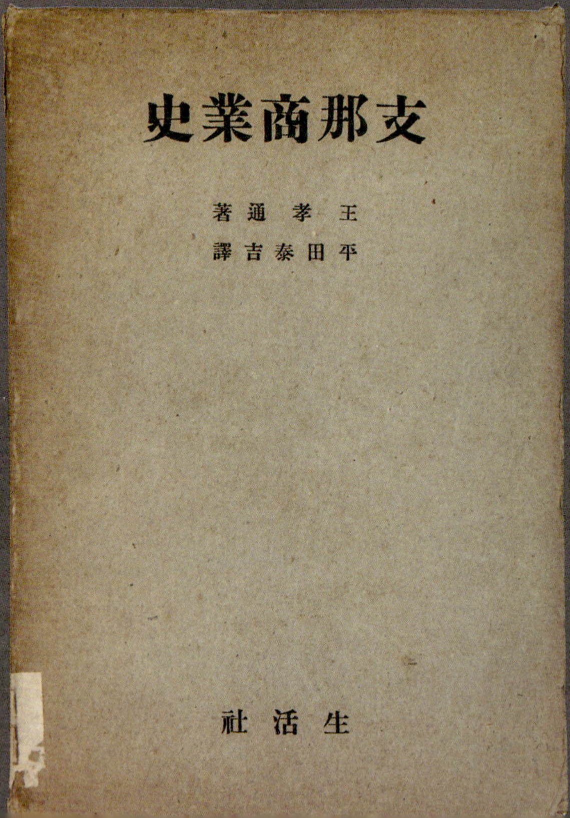

◎　支那商业史（精装本）

王孝通
大东出版社
一九四〇年六月版
1/32　15.5×22.5cm

是关未代策所译，大东出版社昭和十五年（一九四〇）六月出版。

《中国商业史》分“上古商业”“中古商业”“近世商业及现代商业”三编，共二十三章。《中国经济学百年经典》一书认为，该书“不仅重视对中国各个历史时期商业政策和商业状况进行考察，而且注意联系其他社会经济因素作综合分析，还在有关章节中专门论述各个时期著名商人的思想和事迹”，“资料详实，条理清晰，在当时同类著作中其内容最为完备，因而在中国商业史研究中占有重要地位”。

在这本《中国商业史》出版之前，商务印书馆还于一九二三年一月印行过王孝通一本同名著作，系百科小丛书第二十二种。分“上古史”“中古史”“近世史”三编，共十章，细窄开本，只一百多页。而且，封面与版权页署“中国商业史”，但目录页却写着“中国商业小史”。当年十月再版时才统一为“中国商业小史”。确实，这本小册子称“小史”为宜。一九三〇年十月，《中国商业小史》又纳入王云五主编的“万有文库”出版，为第一集第一千种。相比这本“小史”，一九三六年出版的《中国商业史》，篇幅增加不止一倍，尤其对晚清民国以来的商业发展进行了大量的论述，有很多新资料，就连出版前一年即一九三五年的对外贸易、工商业情况等均有涉及。后来，王孝通还为商务印书馆出版的陈灿编著《中国商业史》作过增订。

中国文化史丛书是商务印书馆献给张元济七十寿辰的贺礼,印制颇为讲究。我手上的这本《中国商业史》系胡嘉旧藏，除钤三枚印章之外，还有不少阅读标记，落款二十七年（一九三八）四月二十九在蒙自读完。胡嘉原是清华大学学生，北平沦陷，随校迁徙至长沙再转移到昆明，成为西南联大一员，曾撰《记国立西南联合大学》记录所见所闻。不知道这本书是否跟随过他一路奔波？

二〇一七年七月四日

父母子女

二〇一八年是丰子恺诞辰一百二十周年，温州衍园美术馆赶在年底举办了一场题为“春风到我庐”的丰子恺师友书画展，突出丰子恺与温州的关系，取得了意想不到的效果。此次画展展出的丰子恺手书宋慕法丰林先结婚证书及“敬请嘉宾签名”册页，还引发了一个寻找七十多年前那场婚礼参加者的话题。而我的收获是，知道丰子恺二女婿宋慕法是苍南金乡人后，顺藤摸瓜找到他民国时期出版的两种译作。

一是《父母子女》，开明书店一九四七年十月初版，开明少年丛书之一。全书有十四章，八十多页，但没有“译者的话”之类的说明，作者的信息也很少，封面、扉页都没有出现作者的名字，只在版权页注明原著是Cyril Bibby，所以关于此书著译的来龙去脉，都无从知道。虽然书前有篇作者序言，可以让读者知道此书大

◎ 父母子女

宋慕法 译

开明书店

一九四七年十月初版

1/32 12.7×17.5cm

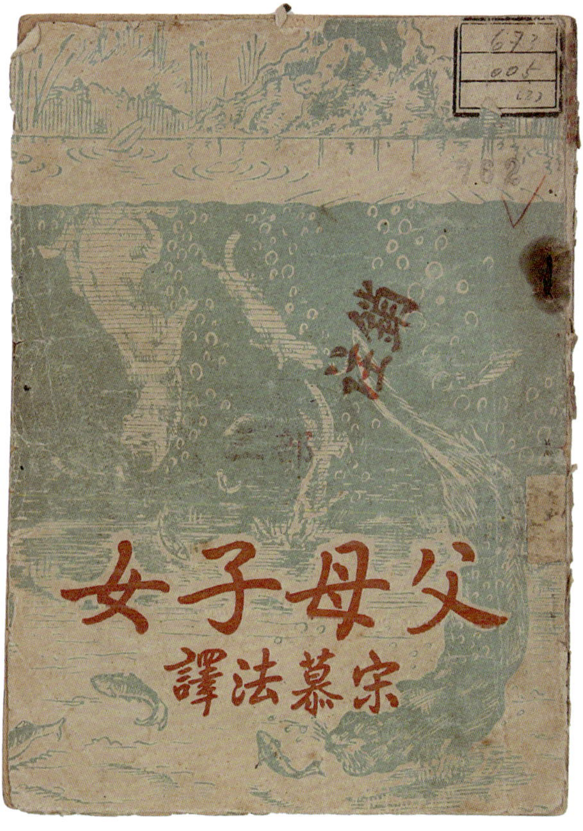

◎　波的奇迹——电视

宋慕法 译
开明书店
一九四八年十月初版
1/32　13×18.4cm

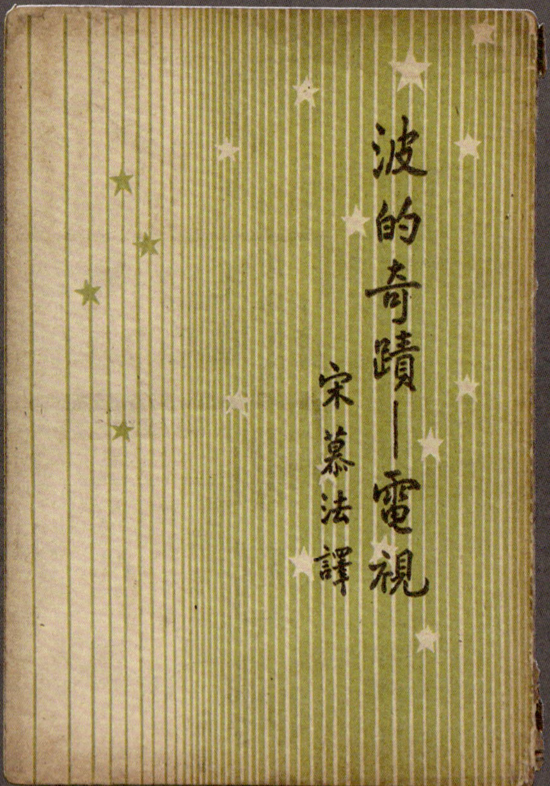

◎　波的奇迹——电视

宋慕法 译
开明书店
一九五一年五月三版
1/32　13×18.2cm

概的内容。

此书出版后,叶至善撰写了一则广告,后收录于《叶氏父子图书广告集》。是书编辑应是叶至善。

《父母子女》

西内尔·彼别著 宋慕法译

假如生物不是一代一代传衍下去，世界早就成为死寂的了。事实上，会生育的不仅是动物，还有植物，植物的种子可以产生新一代的植物。

传宗接代是一件非常重要的事。这本书就是叙述种族是怎样传衍的，以动物为主，偶尔也涉及植物。全书共十四章，对生殖的原理，婴孩的形式，父母的任务，家庭的生活，孩子的成长等等，都作了详尽的说明。叙述生动，译笔流畅，读起来妙趣横生。

二是《波的奇迹——电视》，开明书店一九四八年十月初版，开明青年丛书之一。全书未分章节，有十三篇文章组成，一百一十多页。但有篇《译者的话》，说明了译书经过。重庆欢庆日本投降的那天，宋慕法路遇在国际电台工作的朋友王兴蔚，讲起自己想翻译一些通俗科学的文章，但苦无材料。王兴蔚便推荐了这本刚出版的通俗无线电学的专著。可是宋慕法忙于教书及应付生活琐事，并无时间翻译全本，除开头《波的奇迹》《声的世界》两篇外，只选译了该书第三部分，内容都有关电视。此书一经出版就颇受欢迎，次年三月再版。一九五一年五月，换了封面，出了第三版。一九六四年四月，台湾开明书店还曾印过这本《波的奇迹——电视》。

这本书出版后，一九四八年第五期《新书月刊》作了介绍。也算是广告吧，但不知道撰写者是谁。

《波的奇迹》

译者：宋慕法

出版者：开明

“电视”还在实验的时代，所以对于电视要有一个明确的认识是一件十分困难的事情。现在本书弥补了这个缺憾。作者以生动的文笔，用对话的体裁，把电视发明的经过和基本原理，像闲话家常似的娓娓而谈，书中穿插许多故事，无不妙趣横生。像蝴蝶身上带有发电机；蜜蜂看得见紫外线等，实在是闻所未闻的。读了本书，对于电视可以得到明白的理解。

宋慕法撰写的基本是些科普文章，数量不多，比如以上两本书的部分篇目，当时曾发表在《开明少年》《中学生》等杂志上。有一二例外，比如发表在一九四一年第四十九期《中学生》上的《"漫画阿Q正传"上的假辫子问题》，这是代丰子恺为"漫画阿Q正传"辩正，还比如一九四三年第一百三十期《宇宙风》上的《卖旧书》，记录了一段去重庆时的经历。

宋慕法长期从事英语教学工作，上世纪八九十年代，编写过《英语时态漫谈》《英语语法难题》两本专业书，分别由上海译文出版社、上海外语教育出版社印行。

二〇一九年三月十八日

谈心理卫生：给少年的十八封信

教育工作者、革命者，这是黄禹石留下的两个身份标签。

似乎没有一篇文章完整记录过他的人生。查不到黄禹石是哪一年出生的，哪一年去世的。在有关温州早期留学生资料中，有一位叫黄禹石，永嘉籍，一九〇五年至一九一一年间赴日，入东京警务学堂。如果这位黄禹石就是本文的主人公，那么可以推断他大概生于十九世纪九十年代。

据一些零星的记载，可拼凑成黄禹石学成回国后曾在瓯江小学、温中附小、瓯海中学、温州中学当过教师，并一度担任瓯江小学和模范小学（即温中附小）校长等面目。这大约都是二十世纪三十年代的事，而二十年代的经历几乎空白，以致我怀疑那位留日的黄禹石不是我要找的人。

◎ 谈心理卫生：给少年的十八封信

黄禹石
正中书局
一九四七年十二月沪一版
1/32　12.7×18.2cm

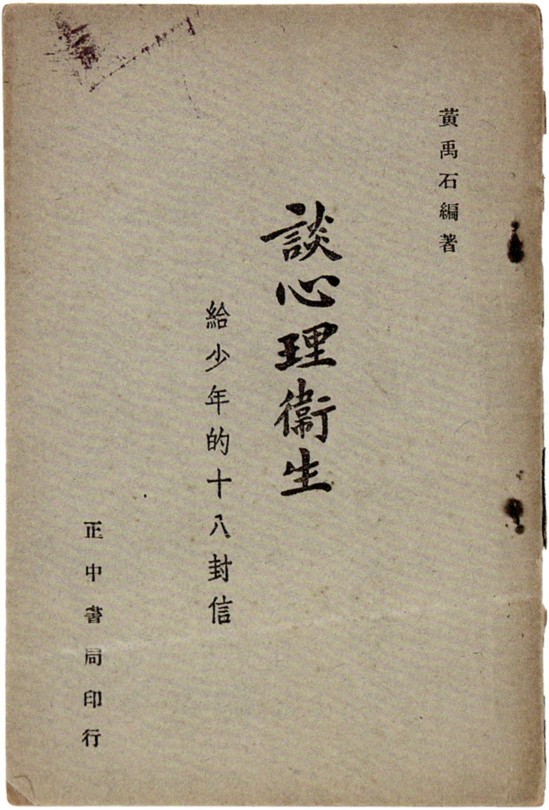

黄禹石任教期间，参与编辑过《少年周刊》《时代儿童》等杂志，并在《进修半月刊》《南海教育月刊》《温中附小教育月刊》等专业刊物上，发表了《小学里时事教学的研究》《儿童节与儿童生活》《运动会的认识》《卫生科教学的研究》《小学用书字体大小的研究》等十余篇论文。结集出版的作品则有两种：一是《环游世界记》，中华书局一九三六年出版，小学高年级社会副课本之一种，未曾寓目；一是《谈心理卫生：给少年的十八封信》，正中书局一九四〇年八月初版，我所藏为一九四七年十二月沪一版。

这本《谈心理卫生：给少年的十八封信》不厚，只五十来页，十八封信分别为《比生理卫生更重要呢》《甚么叫做心理卫生》《当你饥饿时和吃饭时应该要留意的》《怎样使你安睡（一）》《怎样使你安睡（二）》《你会被梦打扰吗（一）》《你会被梦打扰吗（二）》《怎样破除你的抑郁》《忿怒给你的损失》《适当的忿怒是有益于心理健康的》《惧怕的卫生》《你能绝对不受欺骗吗》《怎样克服你的缺憾》《非常时期应有的习惯——镇定》《疲倦是儿童危险的符号》《你有储存的精力吗》《少年心理健康的规律》《不要相信命运》。拿给读高一的女儿读，她说所谈都是他们这个年纪常感困惑的问题，作者没有装腔作势，是一位可敬的老师朋友似的谈心，书信的形式也让人觉得亲切。可见这本书是成功的，受欢迎的。

苏渊雷为此书作序，当时他正任职于正中书局编审处。苏序认为心理卫生虽是一种新兴的科学，但与古人所谓身心修养颇为接近。他颇感慨于“中国自宋儒以后，一般讲究身心修养的人，都偏重消极的收敛，而少积极的发展。因之小而文艺、礼教，大而政治、民族，都陷于消沉衰老之境，缺乏希腊人所谓青春的斗争的精神。这不能不说是我们民族性的一大弱点”。“药治自己的民族心理，使其走向健康”，则“合理的发展”必不可少。“民族知此，则当前国难，可以打破；内部实力，可以发挥。个人知此，则横来的忧患可去，潜在的才能得完全实现。”途径有二：以艺术家的态度处理人生，以科学家的态度处理人生。而以科学家的态度处理人生就应学会心理卫生。苏渊雷赞黄禹石所写“立论平实，文字浅显，说来娓娓，绝不似一般理论书的枯燥乏味，真为现代的少年造福不浅”。

但我读这本书的时候，却一直想着黄禹石的革命者形象。也许对他而言，教育即革命，革命即教育。黄禹石以教育者的身份掩护着他的革命事业。一九三七年，参加了在莲花山上秘密举行的温州托派第一次代表大会。一九三九年九月，黄禹石被温州旅沪同乡会聘为助理秘书，受彭述之指示，与王国龙、李国栋组成学习小组，过托派组织生活。一九四九年，周仁生任福建海澄中学校长时，黄禹石失业无经济来源，便投奔周仁生，被聘为语文教师，化名黄雨石。黄禹石那时本来已到了香港，但看到共产党取得全国胜利，觉得返回大陆可能对革命有所作为。然而，事与愿违。他和周仁生、周履锵等人在一九五二年十二月全国“肃托”行动中被捕，后黄禹石被判十五徒刑。我向已九十三高龄的周履锵老师请教黄禹石的情况，他说记得黄是乌牛人，未曾留学过。在海澄被捕后，曾关在一起，后来分开，不知所踪，可能死于狱中。假若黄禹石出生于一八九五年左右，被捕时也有六十多岁了。人近古稀，怎能扛过流离的生活。

从国民党那边而言，黄禹石他们是反对党，而在共产党内部，黄禹石他们又是反对派。尴尬的处境是他们的艰辛命运。“不要相信命运。”黄禹石在给少年的信里谈到：“原来幸与不幸的人们的区别，是社会制度造成的；在封建社会里，就决定了农奴的命运，在资本主义社会里，就决定了劳工的命运。那所谓‘死生有命，富贵在天’的古话，只是强者欺骗弱者甘心受戮的咒语！与意大利侵略阿比西尼亚说是传布文明给野蛮人是同样的荒谬！”“天下从来没有所谓命运。只要你认清环境，脚踏实地的干去，努力，奋斗，可以轧碎一切的阻碍。”这好像就是黄禹石的宣言，可以作为他人生的注脚。

二〇二〇年二月五日，二〇二二年二月一日改定

拉丁重音研究

《拉丁重音研究》，陈熙止著，一九四一年六月浙江鄞州增爵小修院出版发行，土山湾印书馆印刷并代售。书名题写者于斌，作序者方豪，皆现代中国天主教重量级人物。

对于拉丁语，我是外行，重音之类也不懂。但翻读几页，似乎明白重音包含了我们汉语中平仄声的意义，但又不完全等同于平仄声。有人译为主音、强音、重声，本来作者想译成重读，可重有两种读音，让人容易理解为重复的重，非重量的重，故改为重音。重音要是读错，就会产生歧义、闹别字，就像一些外国人不懂平仄，读起中文书说起中国话，就显得不地道，甚至闹笑话，所以重音问题看似简单，其实重要。

《拉丁重音研究》一书虽只五六十页，但分量不轻。方豪序结合当时中国公教本位化运动背景给予了高度

◎ 拉丁重音研究

陈熙止
浙江鄞州增爵小修院
一九四一年六月版
1/32　13×18.9cm

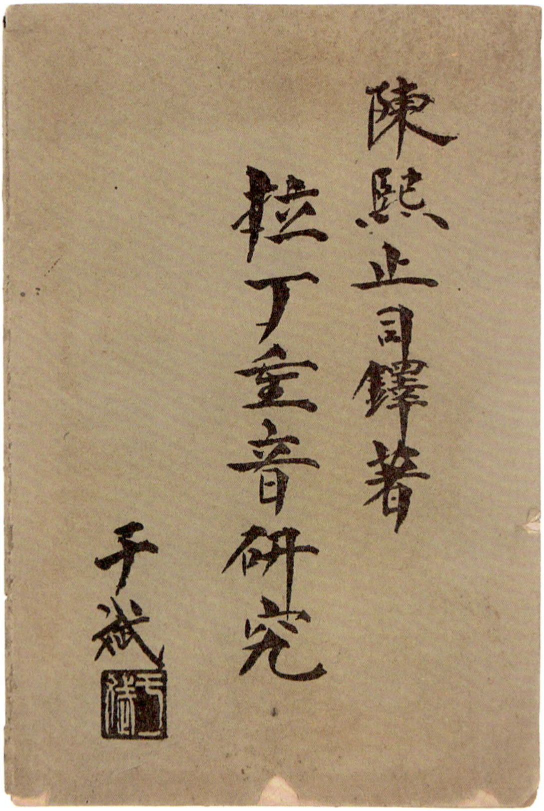

评价:“公教入中国久矣，国人以神学名家、以神学成书者，迄今无闻，亦可慨也！拉丁语入中国，与公教同久远，曰拉提诺、曰蜡顶。清初康熙帝、方以智、杨选祀、刘献廷，皆非教中人之研究拉丁者，教中人无论已，拉丁文在中国之遭遇不为不幸，然以拉丁名家，以拉丁成书者亦鲜矣。”《拉丁重音研究》“乃国人研究拉丁文之第一部书，竟于烽火中完成于国防前线之宁波，其为兴奋，曷可限量？陈君此书，用力至勤，顾不以此自足，则必更有所述造。又可预卜，而读者手此一编，且可上窥圣教诸学，不亦懿欤。若以是而数典忘祖，糟粕国故，以阻滞公教本位运动，则岂陈君著书之本意耶？”

此书版权页作者栏陈熙止前标有永嘉两字，使我知道这原来也是乡邦文献。但陈熙止何许人也，并无记载。只查到《温州文史资料》第七辑刊登过一篇他写的《天主教温州教区的建立》，此文是研究温州近代天主教发展的重要材料。后求教于温州周宅祠巷天主教堂黄超心神父，才了解到陈熙止生平，兹录基本情况如下:

陈熙止，天主教温州教区神父，洗名玛迪盎。一九一四年二月十九日生于永嘉渠口乡。父亲是传教司事，自幼受家庭良好的公教教育。一九二六年秋，入宁波增爵小修院修道。由于他勤奋好学、智慧过人，仅五年时间，就读完小修院六年的课程，提前进大修院。在保禄大修院，又以五年读完六年的神哲学课程。一九三六年，宁波教区主教戴安德特为他求得教宗的恩准，提前一年祝圣神父，并邀浙江省总主教梅占魁襄礼。当时他才廿三岁。次年晋升司铎。陈熙止后留在增爵小修院任教五年，《拉丁重音研究》即作于当时。一九四二年，陈熙止调任平阳，协助张越尘神父开展工作。一九四七年，调到温州保禄总堂，担任财务兼修道院教书之职。一九五〇年后，曾数度入狱，在牢间中度过十六年。一九八〇年后，重新投入教务工作。因积劳成疾，于一九九九年七月二十三日去世，享年八十六。一九九七年，纪念陈熙止晋铎六十周年之际，当今教宗若望保禄二世颁“宗座遐福”以嘉奖他为铎职所作的无私奉献。

二〇一八年二月五日

法国革命史讲话

一九三八年，沈炼之举家从温州迁到福建永安，出任改进出版社编辑。这是他法国留学归来八年间，换的第五个工作岗位。里昂中法大学获得博士后，沈炼之谢绝法国方面的挽留，回到中国，先是任教于广东襄勤大学师范学院、北京师范大学，再到南京地政学院从事方志研究。抗战爆发，战火纷纷，只好回到老家温州，做了一名教师。

永安是当时福建省会，为了解决战时文化需要，省主席陈仪请黎烈文筹建改进出版社。一九三九年四月，黎烈文创办《改进》杂志。沈炼之担任编辑外，还发挥他的外语优势，翻译了三四十篇英法美俄名家文章刊发在《改进》上，当时改进出版社出版的《敌情的透视》《生命之谜》《苏联的建设》《权力》等多是这些译作结集。

◎ 法国革命史讲话

沈炼之
改进出版社
一九四一年九月初版
1/32 13.5×18.3cm

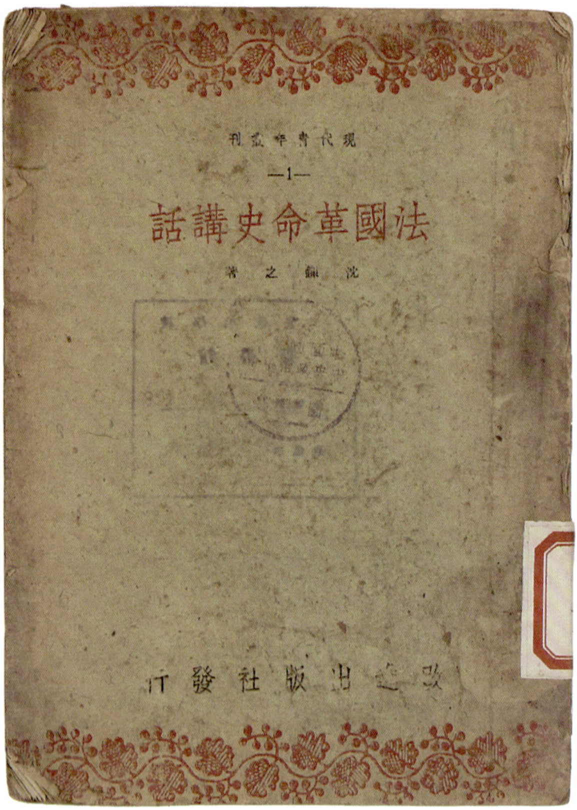

《法国革命史讲话》是沈炼之自己写的书，一九四一年九月改进出版社初版，为现代青年丛刊之一。此书共十章，分别为《法国革命前的"旧制度"》《反对"旧制度"的新思想》《法国的革命导火线——财政问题》《一七八九年的三级会议》《七月十四日》《人权宣言》《欧洲君主的干涉》《恐怖时代》《新十一月九日事变》。《现代青年》一九四二年第五卷第三期刊发任山的书评，认为："在本书里，作者非常详细地道出一七八九年法国大革命的前因后果，深刻地剖视革命中的各个阶段，分章叙述，并加以正确的论断，使读者对于这震动世界的法国大革命史可以一目了然。作者的文章真切详实，加以引征丰富，趣味横生，每章每段都自成隽永的历史小品，更是研究历史的一部良好的参考书。"

沈炼之在书中并没有阐释自己的研究宗旨。多年后，学生楼均信问："在国难当头之际，您还有心思写法国革命史吗？"他回答："我是怀着满腔怒火与激情写这本书的，只希望中国的热血青年从法国革命精神中汲取力量，发扬爱国主义精神，奋起抗战，以拯救中华民族。”

一九四三年八月，沈炼之离开永安到建阳，到暨南大学担任史地系教授，后担任系主任，并两度代理校长之职。译作《世界文化史》《罗曼罗兰传》即出版于暨大时期。一九四八年返回温州，任教于温州中学。一九五一年，在温州中学校长职上调任浙江师范学院历史系主任，后改任杭州大学历史系主任，长达三十年之久，在法国史研究上开创了一片新天地，并培养了大批优秀人才。一九九二年十一月，沈炼之去世，享年八十九岁。

一九九八年五月，杭州大学出版社出版《沈炼之学术文选》，收录了《法国革命史讲话》。

二〇二〇年二月十三日

比较财政制度

拿到这本书的时候，我可能过于兴奋了，用剪刀拆包装，把里面的书也划到了，留下了一个纪念。

虽然算不上什么珍稀的书，商务印书馆的“大学丛书”，当年印量一定不少，但今天再找出几本也不那么容易。所以，悔恨疼痛的感觉还是会闪过。

这本留下瑕疵的书是《比较财政制度》，作者李超英，商务印书馆一九四八年四月上海再版本。此书初版于一九四三年三月，在重庆印的，一九四七年八月在上海再次印行，即上海初版。但这本书最早是香港商务印书馆打算在一九四一年十二月出版的，不料日军侵占香港，稿版俱毁，幸作者存有副本，重新整理一过付梓。

《比较财政制度》内容非专业人士不感兴趣，这里引用作者自序略作介绍：“欲政治工作之有效力，须有

◎　比较财政制度

李超英
商务印书馆
一九四八年四月上海再版
1/32　14.8×20.5cm

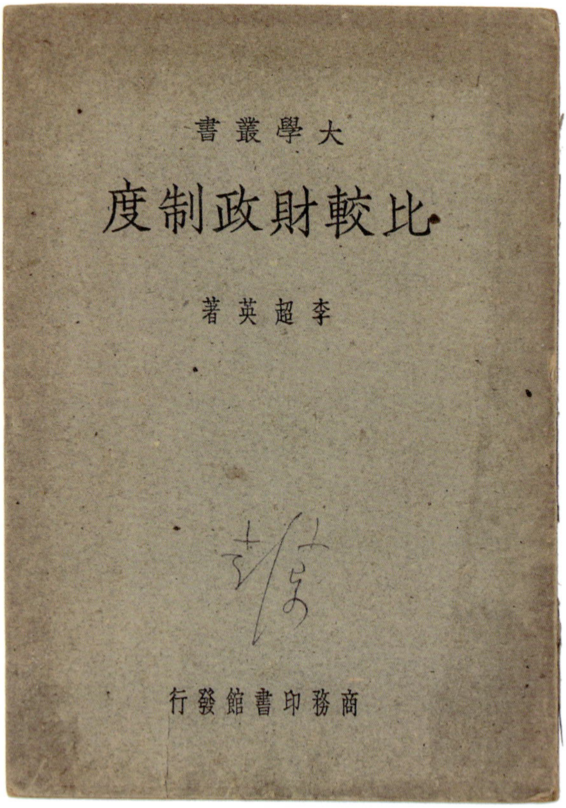

善良的财政制度。”政治与财政，关系紧密。“故善制国用者，须树立财政之良制，循规蹈矩，生财有道，始能跻国家与富强。”因坊间相关书籍鲜有述及独裁政治之财政制度者，故“本书对于民主政治及独裁政治之财政制度，特作比较之研究”。全书比较分绪论、财务行政、财务立法、财务司法四编，共二十章。“每论一制，先述及其原理，次考其沿革，及应用于各国之效果，最后较以中国制度，而深究其得失，藉资观摩，以为改进中国财政制度之借镜。”

作者自序还透露此书是以他英文著作 The System of Chinese Public Finance（《中国财政制度》）为底本，详细论述中国相关情况，增加各国现有制度之变迁，数易其稿而成，并曾作为中央政治学校的教材。让我真正兴奋的是，旧书网上还真有这本英文书等着我。收到一看，乃 London：P. S. King and Son, Ltd（伦敦 P.S. 金父子有限公司）一九三六年出版，精装本，盖着国立北京大学农学院藏书章。千家驹《新财政学大纲》在盘点当时出版的财经学著作时提到李超英的《比较财政制度》，认为此书介绍中国的预算制度，“英文

◎ The System of Chinese Public Finance（精装本）

LEE CHOU-YING
London： P. S. King and Son, Ltd
一九三六年版
1/32 14.8×22cm

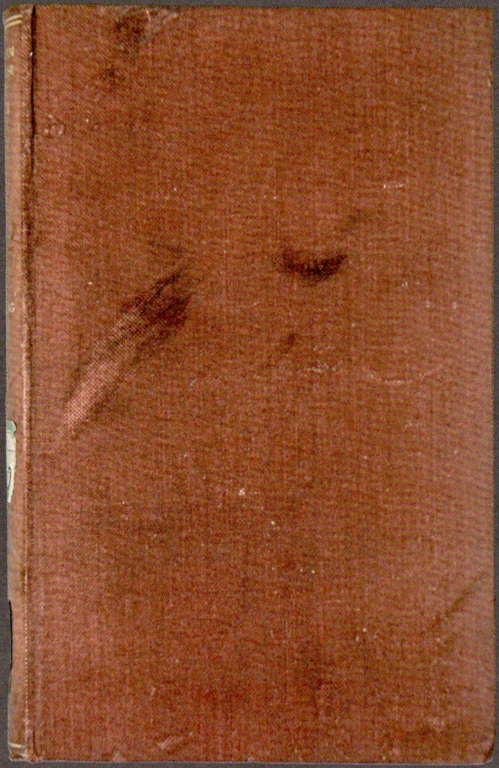

THE SYSTEM OF CHINESE PUBLIC FINANCE

A Comparative Study

BY

LEE CHOU-YING

LL.B. (Econ.), Peking; Ph.D. (Econ.), London

LONDON

P. S. KING & SON, LTD.

ORCHARD HOUSE, WESTMINSTER

1936

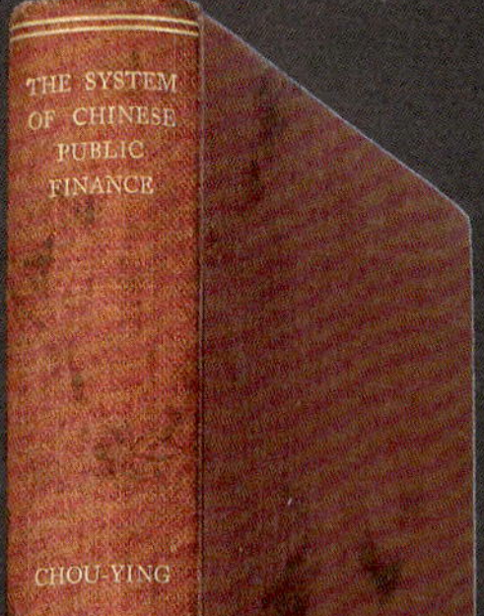

◎ 伪组织政治经济概况

李超英
商务印书馆
一九四三年十月初版
1/32　12.8×17.4cm

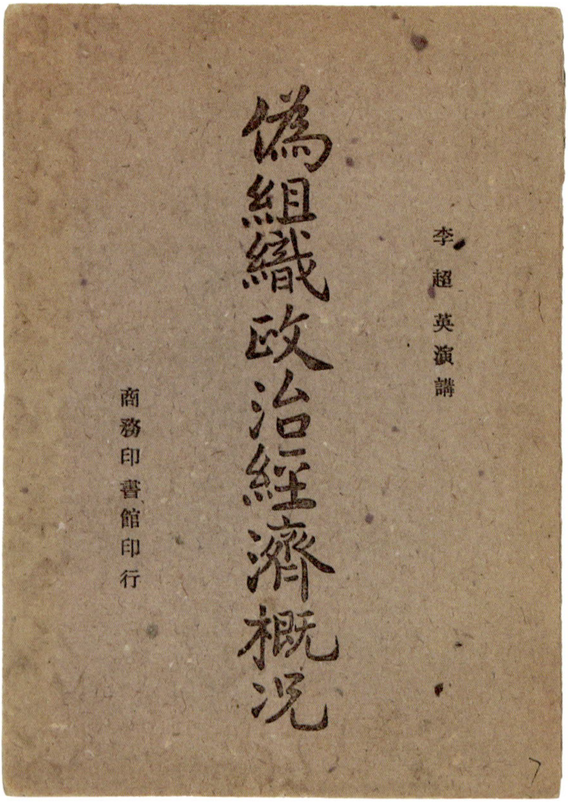

原名较为名实相符，中文改名为《比较财政制度》，似不大相称”。不过，《中央日报》一九三七年三月十八日刊文介绍这本英文著作时，标题就已直接用了《比较财经制度》。该广告云是书出版后《字林西报》《经济》等英文报刊作过推介，并称正中书局有代销，定价国币十元。不愧是一本关于经济学的作品，善用营销，也不愧是一本温州人著作，符合今天外界对温州人的印象，懂得经营。

李超英名俊，永嘉岩头港头人氏，生于一八九七年二月，以字行。浙江省立第十中学卒业，潜修一年于一九二〇年考上北京大学预科，后转入经济学系，获学士学位。一九二七年始，先后就任浙江省党部清党委员、北平市党部监选委员、浙江省党部党务指导委员及执行委员、监察委员等职。一九三〇年，以浙江官费赴英国伦敦大学留学。一九三六年获经济学博士，《中国财政制度》即其博士论文。回国后，曾任国民党中央政治委员会财政委员兼秘书、国防最高委员会财政委员、中央特种经济调查处处长，同时在中央政治学校、重庆大学教授经济学课程。抗战胜利后，出任教育厅长。胡兰成《今生今世》提到刘景晨觉得他做生意可惜了，“教教书如何”，并说可以写信给李超英打招呼。彼李超英即此李超英，乃刘景晨在十中任教时的学生。一九四九年渡海赴台，任台湾大学、中国文化学院等校教授。一九七二年,《比较财政制度》在台再版。除此书外,李超英还著有《中国师范教育论》《抗战建国纲领研究：经济篇》《伪组织政治经济概况》《财政学》《财政学概论》《财政学要论》等。一九八二年十二月去世于台北，享年八十六。

二〇二〇年二月六日

世界各国侧影

一九三七年“八一三”事变后，上海沦为孤岛，《时事新报》编辑部迁往重庆，汪远涵没有跟着去，而是回到老家温州当了一名中学教师。一九三九年，老师王季思介绍他到由杭州撤到金华的《东南日报》工作。

一九四〇年春，评论课长杜绍文因为不满总编刘湘女做派，离浙入湘，到长沙担任国民日报社长。《东南日报》上原为杜绍文主持的“国际一周”栏目就改由汪远涵接办。汪远涵是复旦大学新闻系毕业的高材生，在《时事新报》一直担任国际新闻编辑。·九四〇年三月，正中书局出版了汪远涵编著的《现代国际知识》。刘湘女正是看中这点，让汪远涵继续撰写“国际一周”，每月两篇。汪远涵提出将“国际一周”改为“国际时事谈坐”，并包办了栏目所需的文章，每个星期花三个半天的时间整出一篇，颇受好评。当时

《新青年》半月刊编辑谷风认为汪远涵文章写法颇适合于中等学生的胃口，因此请他在《新青年》开个专栏，写一套有系统的国际读物。汪远涵在学校教过书，觉得世界地理及历史课，似乎难以引起学生的兴趣，有必要做这方面的工作，“供给中学生青年一种世界史地的课外读物，给他们寻求国际知识时一种便利”。就这样，汪远涵为《新青年》写了两年的专栏。谷风取专栏名为“世界各国侧影”。一九四三年七月，专栏文章结集成书，列为“新青年丛书”第一辑，由国民出版社出版。

《世界各国侧影》收录了《新大陆上的青年国（美利坚）》《老而不朽的约翰牛（英吉利）》《现世界的新天地（苏联）》《汉麦先生的祖国（法兰西）》《请看“上帝的选民”（德意志）》《罗马不属于凯撒了（意大利）》《制造悲剧的民族（日本）》《战神之家（马尔干半岛）》《西欧的几个国家（西、葡、荷、比、瑞）》《回教国一群（近东与中东）》《被侮辱与被损害的地带（亚洲）》《西班牙人所辟的土地（拉丁美洲）》《寒冷的国度（芬、瑞、挪、丹）》等十三篇文章，正文前有篇《自序》介绍了此书的缘起。汪远涵还在《我所知道的〈《东南日报》》提到是书出版前后的相关情况。

汪远涵在《东南日报》从普通编辑做到编辑科长，后担任杭州版总编辑，一干整整十年。金庸就是在他任总编时进入《东南日报》工作的。一九四九年政权交替之际，社会一片混乱，汪远涵离开《东南日报》，一度在上海晓光中学任教，后回温在温州中学等校兼课。一九五六年，温州师专创办，进入该校任教。一九八五年退休。二〇〇六年去世，享年九十五。汪远涵晚年撰写了多篇回忆文章，纪念黄群、徐寄庼、夏鼐、夏承焘、王季思、刘节、徐贤修等师友，记录从业经历、家族往事，发表在《鹿城文史资料》等书刊，非常有价值，实在有结集出版的必要。

二〇二〇年二月二日

◎　现代国际知识

汪远涵
正中书局
一九四〇年三月初版
1/32　12.8×18.7cm

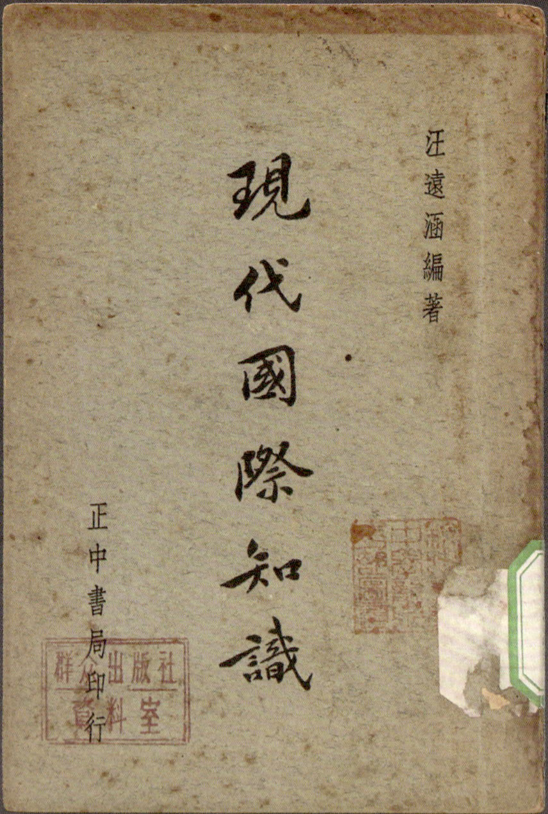

◎ 世界各国侧影

汪远涵

国民出版社

一九四三年七月初版

1/32　12.5×17.5cm

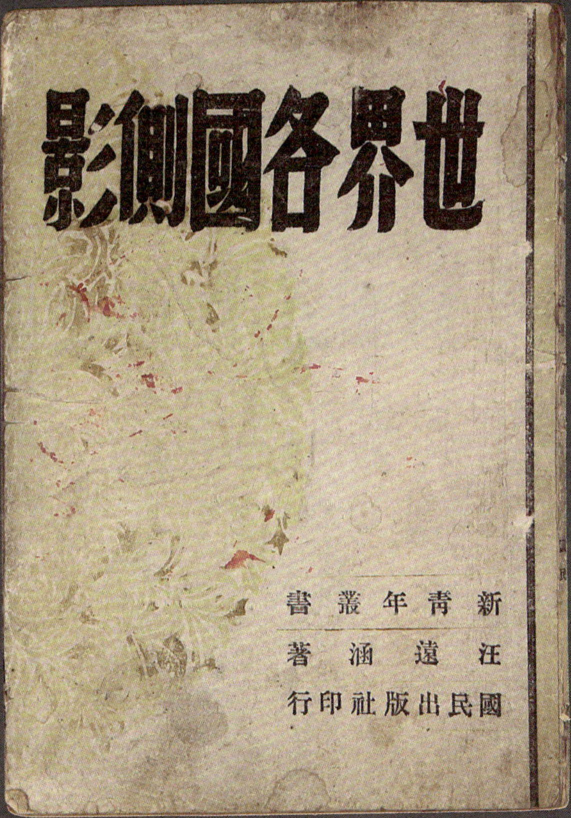

英国之新闻事业

互联网时代，报纸没有了昔日的辉煌，但它所承载的使命不因技术变革而失去威力。就像马星野七十多年前说的："中国向民治大道迈进，报纸为民治的基石，所以新闻事业之建设，应该是目前最急迫工作之一，试想，如果四万万五千万人没有报纸看，没有报纸来发挥民意，民治还有什么可能。"

这段今天读来还振聋发聩的话，是马星野《英国之新闻事业》一书序言的开头。此书由文风书局于一九四三年十一月初版，土纸本，书名乃国民党元老吴敬恒所题。序文称："这本小书介绍英国的新闻事业，是供给对于建设中国新闻事业有兴趣的人之参考，英国是民治的故乡，是新闻事业最发达的国家之一。每两个英国家庭，每天有三份以上的报纸。英国报纸的经营方法、编辑技术，以至于英国新闻记者的工作，

◎ 英国之新闻事业

马星野
文风书局
一九四三年十一月初版
1/32 13×19cm

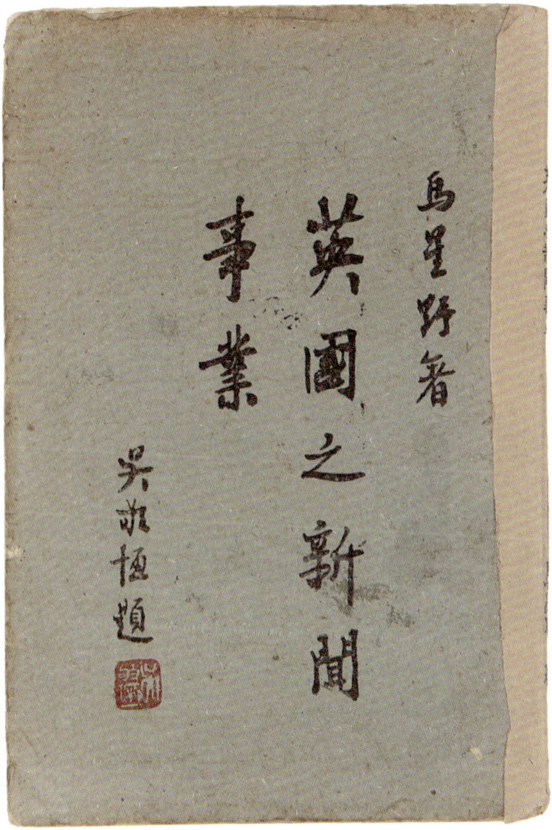

都有值得我们参考之处。”

此书分《英国新闻事业之背景》《英国新闻事业之经营》《英国报社之内部组织及新闻从业人员之概况》《英国报纸之编辑技术》《英国之通讯社事业》《英国报纸之编辑方针及其所受之影响》六章，乃马星野《新闻学概论》第四编中的一部分，应该是较早介绍英国新闻业的中文专著。至于英国新闻法、重要报纸、知名报人等未能一一介绍，马星野说因事务繁忙，“无暇如理想加以增订”，将有《出版自由之法律限制》《新闻事业史》两书涉及。

这时候的马星野，正身兼两职。一九四二年至一九四五年，他第一次做新闻行政工作，担任国民党中央宣传部新闻事业处处长，同时，虽然不再负责中央政治学校新闻学系系务，但还兼任新闻学教授。

马星野自中央党务学校（后改称中央政治学校）毕业后，考取了密苏里大学新闻学院。学成后，回到政校任教，教授新闻学概论等课程。一九四八年，出任中央日报社长。一九六四年开始主持“中央通讯社”，长达二十一年。作为新闻人，马星野一生留下了大量文字。据王继先《坚持与徘徊：新闻人马星野研究》介绍，除《英国之新闻事业》《新闻自由论》《新闻与时代》等专著外，散见于大陆报刊的各类文章有三百多篇，还有在台湾的档案，等等，数量可观。马星野的新闻论述，当然很有研究的必要，但我最关注其中的回忆文章，纪念朱自清的就有五篇，以及《南行小记》《我来自东》《我的留学生活》等散文，颇有地方文献价值，值得专门整理出版。

二〇二〇年二月十七日

后记

虽然早有出《温州老版本》之心，但一直未用力，想慢慢写攒到一定量再结集印行，所以好几年下来才二十多篇。辛丑正月武汉疫情突发，温州成为重灾区。假期出不了门，节后居家办公，便寻思着集中精力完成此书。正月初二至正月廿四二十多天里，写了十八篇，加上原写的二十多篇，又从拙著《民国文化隐者录》抽出三篇，凑成了五十篇。《民国文化隐者录》出版已十多年，其中有些文章编入本书为宜，人物归人物，书归书，主题明确。

稿子齐了，潘德宝兄提醒我要写篇《前言》，做些归纳、提升，但我对所谓的理论一窍不通，绞尽脑汁，勉强从“地方的消失与民国文献收集”角度作了点总结，一改再改，反反复复，其间得德宝兄与徐佳贵兄指点甚多。

我又将书稿呈送陈子善先生，请他指正。陈先生建议全书分两辑，谈文学的一辑，其余的另为一辑，各辑按书的出版时间为序，以清眉目。这也就是现在本书编排的样子了。又蒙陈先生不弃，为小书赐序。算起来，我与子善先生交往已二十多年，他为人和蔼可亲，从不摆学者架子，为文亦深入浅出，从不故作高深。这么多年来，被泽蒙庥，铭记在心。

书名取为《温州老版本》也是合适的。前些年，为温州档案馆策划出版“老温州系列”，除《温州老新闻》《温州老副刊》《温州老广告》等之外，就有《温州老版本》之提议。但目前该丛书编印已告一段落，而且我嫌其名过于直白，便求教于宋希於、严晓星、谢敏诸兄。严、谢两兄分别拟名《东嘉故书挹翠录》《东嘉书谭》，我综合了一下，定为《东嘉故书谭》。东嘉是温州的旧地名，虽有掉书袋之嫌，毕竟委婉一些。鲁迅曾编《会稽郡故书杂集》，其序有言："书中贤俊之名，言行之迹，风土之美，多有方志所遗，舍此更不可见。用遗邦人，庶几供其景行，不忘于故。"我所做的大概也可以归为"不忘于故"之列。"故书"两字还有老旧的感觉，更合小书内容。

谢敏兄于书于文眼界甚高，他还建议书的装帧模仿《晦庵书话》那个系列。我亦有此意，故希望何天健兄设计开本、版式时要有点向三联书话丛书致敬的意思。

本书所收文章大多发表于《温州读书报》，不再一一注明出处。看校样时，我对个别文章作了些订正与补充。如无《温州读书报》主编卢礼阳先生及章亦倩、何泽、陈瑾渊、王昉诸位编辑的督促，本书是不会这么快就能完成的。

二〇二一年四月底，我正式调入温州大学工作，即将此书稿申报浙江省社科联社科普及课题，幸获立项。又得人文学院院长孙良好教授等支持，纳入温州大学中文学科建设丛书。

在出版过程中，赖有文汇出版社总编周伯军先生、责任编辑何璟女士把关。

对于上述师友的提携、支持与帮助，在此一并表示衷心的感谢。还要谢谢吴学权先生、胡方松先生、瞿光辉先生、洪振宁先生、张索教授等前辈及沈迦、瞿炜、刘旭道、金丹霞、方绪晓、陈文辉、易永谊、郑金才、林晓克诸同道多年来的勉励，只是一壶水还是温吞吞的，有负厚望。

感谢家人默默的奉献，放任我的爱好和追求。想起二〇〇五年我拿到在文汇出版社出版的《温州评判》样书，正是小女出生的那天，一转眼，她今年就高考了。

人有命，书亦有运。面对一本本旧书，经常会想象它们流浪的历程，今日聚于我处，是缘分。我想，善待它们的最好方式就是写出书里书外的故事。至于写法，要说的都在《前言》里点到了。这里想重申的是，除了明晰版本之义外，应言之有物，重视解决书与作者的小问题。本书所谈之书均为寒斋珍藏，希望将来出《东嘉故书谭》二编、三编时，可以写写公藏机构、其他私人收藏的民国温州人著作，甚至非温州人著作，但乃温州名家旧藏，这也是东嘉故书吧。

方韶毅

二〇二二年二月三月，距辛丑正月已过去两年，但疫情还未消停

图书在版编目（CIP）数据

东嘉故书谭 / 方韶毅著. -- 上海：文汇出版社，2022.7

ISBN 978-7-5496-3796-6

Ⅰ. ①东 Ⅱ. ①方 Ⅲ. ①著作—介绍—温州—民国 Ⅳ. ① Z835

中国版本图书馆 CIP 数据核字 (2022) 第 104823 号

東嘉故書譚

作　　者　方韶毅
责任编辑　苏　菲
装帧设计　何天健

出 版 人　周伯军

出版发行　文匯出版社
　　　　　上海市威海路 755 号（邮政编码 200041）
经　　销　全国新华书店
印刷装订　温州市北大方印务有限公司
版　　次　2022 年 7 月第 1 版
印　　次　2022 年 7 月第 1 次印刷
开　　本　787 × 1092　1/32
字　　数　150 千字
印　　张　10.5

ISBN 978-7-5496-3796-6
定　　价　88.00 元